· 행 · 복 · 한 · 바 · 보 · 의 · 지 · 혜 · 로 · 운 · 삶 ·

행복한 바보

| 윤재열 수필집 |

청어

행복한 바보

글 | 윤재열

발행처 · 도서출판 **청어**
발행인 · 이영철
기 획 · 손영국
영 업 · 이동호
편 집 · 김영신 | 김인현
디자인 · 오주연
인쇄 제작 · 두리터

등 록 · 1999년 5월 3일(제22-1541호)

1판 1쇄 인쇄 · 2007년 6월 20일
1판 1쇄 발행 · 2007년 6월 30일

주소 · 서울시 서초구 서초동 1588-1 신성빌딩 A동 412호
대표전화 · 586-0477
팩시밀리 · 586-0478

E-mail · ppi20@hanmail.net
ISBN · 978-89-92554-23-7 (03810)

*이 책은 경기문화재단으로부터 제작비 일부를 지원받아 출간되었습니다.

·행·복·한·바·보·의·
·지·혜·로·운·삶·

프·롤·로·그

　세 번째 수필집이다. 그렇다면 제법 농익은 글이 많아야 할 텐데, 오히려 두 번째, 첫 번째 수필집의 작품들이 뜨겁다. 글도 함께 나이를 먹어온 탓일까. 그래도 열심히 작업을 했다. 다시 네 번째 수필집을 위해서 뛰자.

　문우(文友)에게 세 번째 수필집을 계획하고 있다고 했더니, 출판기념회를 하라고 한다. 그 말을 듣자마자 손사래를 쳤더니, 과공비례(過恭非禮)라며 몰아붙인다. 하지만 이 책은 밖으로 펼쳐 보이기 위한 것이 아니라, 나를 채우기 위한 것이다. 해서 책에 그 흔한 평(評)도 마련하지 않았다. 발문(跋文)도 없다. 내 삶처럼 소박하게 세상에 내보내고 싶다.

　돈도 안 되는 글쓰기를 왜 하냐고 묻는 사람들이 있다. 왜 밥을 먹고, 왜 잠을 자냐고 하면 딱히 대답을 못 하는 것과 같다.
　돈을 소유하는 것은 낮은 행복이지만, 글을 쓰는 창조적 활동은 그것과 비교도 안 되는 고상한 활동이다. 그것을 같이 비교하니 기분이 상한다.
　그때 대답은 안 했지만, 멋 부려 한 마디 더하면, '나는 글을 쓴다. 고로 존재한다.'

　이번 작품집에는 첫 번째와 두 번째 작품집에서 몇 편을 골라 다듬어서 실었다. 그때 독자들에게 제대로 평을 받지 못해 혹은 많은 칭찬을 받았기 때문에 다시 선뵌다. 좋은 노래는 자주 불러도 좋고, 좋은 영화는 또 보고 싶은 마음과 같다.

　여기 글은 모두 신변에서 일어난 지극히 사적인 이야기다. 어려운 시대를 살아가면서 소시민으로서 세상을 향해 하고 싶은 말이 많았다. 나처럼 평범하기 그지없는 사람까지 말을 하니 시끄러운 세상에 또 한 사람의 잔소리꾼이 나온 느낌이다. 닳아진 세상에 사는 사람의 푸념이고 넋두리라고 생각해주기 바란다.

　나이를 먹고나니 부모님의 은혜가 새삼 크게 느껴진다. 책을 출판할 때마다 아내가 고생을 한다. 이번에도 원고 정리를 꼼꼼히 했다. 고맙다.

윤재열

CONTENTS

1
삶의 들녘에서

나이 듦에 대하여 · 11 | 턱없이 분주한 세상에 던지는 화두 · 15
겨울 산이 보내는 침묵의 함성 · 19 | 가을, 그 홀연히 흘러간 시간들 · 23
3박 4일의 출가 · 27 | 노송, 늘 적막한 표정으로 서 있는 나무 · 32
늦은 인생살이에 대한 푸념 · 36 | 두 개의 세탁소 이야기 · 40 | 디지털 시대의 글쓰기 · 45
본성을 지키는 삶이 필요하다 · 49 | 여전히 산에 있는 산 · 53 | 삶의 들녘에서 · 57

2
행복한 바보

서글픈 돌잔치 풍경을 보면서 · 63 | 다시 아랫목이 그립다 · 67 | 행복한 바보 · 71
아파트에서 사는 즐거움 · 75 | 어떤 것이 바른 교육인가 · 81
여자와 남자는 함께 사는 반의 존재, 서로 존중해야 · 85
역설의 미학 · 90 | 오늘 우리는 무엇을 가르칠 것인가 · 94
왜 문학을 공부하는가 · 98 | 외도, 단단한 삶 빚는 즐거움 · 102

3
찬란한 슬픔의 봄

조금 참고 기다리는 마음이 필요하다 · 109 | 또 다른 '왕의 남자'를 꿈꾸며 · 113
양복을 입고 다니는 이유 · 116 | 찬란한 슬픔의 봄 · 120
이웃과 더불어 사는 행복한 삶 · 125 | 종교인의 현실 참여를 보는 눈 · 129
청계천 단상 · 133 | 선생님과 아이들이 나누는 사랑의 문화 · 137
코스모스의 슬픔 · 141 | 일상의 풍경 · 145

4
스스로 창조하고 누리는 삶

'좋은 시간 되십시오'는 어색한 표현 · 155
2005년이 남긴 말 · 158 | '처녀작'은 성차별적 언어 아니다 · 162
스스로 창조하고 누리는 생활의 주체, 책읽기 · 166
책 읽기, 그 존재의 자유로움 즐기기 · 170 | 논술 교육은 대학이 맡아야 · 174
대입 논술과 언론의 역할 · 177 | 담임 선택제와 수요자 중심 교육 · 180
맹목적인 학교 비판 삼가야 · 183 | 방송의 학교 왜곡, 바로잡아야 · 186
우리 대학이 나아갈 길 · 190 | 텔레비전 좀 봅시다 · 193

연보 · 197

·행·복·한·바·보·의·
·지·혜·로·운·삶·

1
삶의 들녘에서

·행·복·한·바·보·의·
·지·혜·로·운·삶·

나이 듦에 대하여

언제부턴가 나이를 먹었다는 생각을 하기 시작했다. 해를 거듭하면 어른이 되고 성인이 된다는 생각은 했어도 나이를 먹는다는 생각을 한 적이 없었다. 어느 순간부터 주위에서도 내가 나이를 먹었다고 한다. 마음만은 아직도 젊고 주변의 어른들 앞에 나서면 한없이 작아지는 느낌이다. 그런데 나이를 먹었다니 억울하기도 하고 부끄럽기도 하다.

지금도 그렇지만, 어른은 나이에 맞게 못하는 것이 없는 사람이라고 생각했다. 슬픔이 있어도 혼자 이겨내고, 아픔도 드러내지 않고 참을 줄 아는 사람이 어른이라고 생각했다.

나란 위인은 나이만 먹었지, 어른다운 데가 없다는 느낌이다. 감정도 다스릴 줄 모르고, 사람 됨됨이도 아직 제대로 만들어지지 않은 듯싶다.

옛날에는 머리끝이 희끗희끗해지면 어른 대접을 받고, 그 나이 때문에 인품까지 존경을 받았던 기억이 난다. 군 제대 후 대학 복학 때였다. 그때 철이 들었는지 인생을 많이 산 사람들의 삶에 관심을 가지게 되었다. 특히 선생님들의 모습은 내 삶의 거울이었다. 그분들의 연세는 정확히 몰랐지만, 내 아버지보다는 더 지긋하신 선생님들의 모습은 큰 산 같았다. 세월이 내려앉은 흰 머리카락은 선생님 학문의 세계만큼이나 경이롭고 존경스러웠다. 일석 이희승 선생님과 난정 남광우 선생님의 일을 곁에서 도와드린 적이 있었는데, 그때 일석 선생님의 연세는 팔순을 넘었고, 남광우 선생님도 오래 서 계시질 못했다. 그런데도 선생님들의 음성이 함성처럼 들렸다. 조병화 선생님께서도 고령에다 병상에 계시면서 끝까지 가르침을 주셨다.

그래서 난 지금도 어른들을 좋아한다. 모임에 가거나, 회식 등을 하며 여흥을 즐길 때도 슬그머니 어른 옆에 가서 앉는다. 그분들과 이야기를 하다보면, 주워듣는 것이 많다. 책에서도 볼 수 없는 당신의 살아온 이야기는 내 삶을 더욱 뜨겁게 한다. 세파에 흔들리지 않고 바위처럼 살아오신 이야기, 아니 강직해서 너무나 강직해서 비바람에 흔들리지 않았을 것 같았던 분도 오히려 수없이 태풍에 어린 나뭇가지를 부러뜨리고 거목이 된 것처럼, 자신의 내밀한 아픔을 들려주신다. 온갖 풍파를 견디고 살아오신 어른들은 말씀도 온화하다. 생각하시는 것도 논리적이고 깊은 데가 있어서, 산중에서 마시는 약수처럼 느껴진다.

나란 위인도 이제 제법 학교에서 아이들을 보는 눈이 달라지고 있다는 느낌이다. 전에는 아이들의 못된 것만 보았는데, 지금은 아이들의 장점만 보려고 노력한다. 그전에는 아이들에게 꾸중만 했다. 아이들에게 원망의 눈빛만 키웠다. 이제는 아이들의 마음에 잔잔한 파문을 던지는 말을 건네고 싶다.

나이를 먹게 되면, 젊은 사람들에 비해서 활동적이지 못하고, 정열적인 일에 대한 의욕이 뒤지는 것도 사실이다. 하지만 이러한 생리적 특징은 오히려 존중받아야 할 몫이 아닌가 생각한다. 젊음이 많은 사람들로부터 기대 받고 예찬 받듯이, 늙은 사람들도 험난한 세월의 산을 올라왔다는 사실 하나만으로 존경받아야 한다.

서양 속담에도 '미모는 피부의 한 꺼풀에 지나지 않는다'고 했다. 늙었다는 것도 이와 다를 바가 없다. 그것은 우리 눈에 보이는 현상일 뿐이다. 간혹 거액의 재산을 기부하고 생의 마감을 준비하는 할아버지들의 모습을 본다. 또 평생 김밥 장사를 하면서 모은 돈을 불우한 사람들에게 남기고 가는 할머니의 이야기를 듣게 된다. 이들의 마음을 어떻게 나이에 비할 수 있는가. 한없이 아름다운 이들의 마음에 하찮은 나이의 칼을 들이댈 수 있단 말인가? 오히려 이들의 뜨거운 생각이 젊은 것이다. 누구도 할 수 없는 어려운 일을 과감히 실천하고 행동한 그들이 진짜 젊은이고, 짱이라는 생각이 든다.

앞에 언급한 것처럼 부쩍 하얗게 변하는 머리카락 때문에 나는 노년 취급을 받는다. 나이는 숫자에 불과하다고 우겨대지만, 나이가 들었다는 이유로 우대를 받고 때로는 불이익의 그늘로 밀려 나간다.

하지만 요즘 나는 나이 들어가는 것이 좋다. 사람들은 나이 들면 모든 것이 곰팡스레 변한다고 하는데, 생각도 바르게 하고, 내가 하는 말이 부드러워 좋다. 생각해보니 나이는 내 삶의 주춧돌이었다. 30대는 인생의 새로운 출발기에 나의 길을 선택한다는 긴장감이, 40대는 직장에서 일을 하는 즐거움이 나를 지켜주었다. 다시 남들은 내 나이를 중년의 고개를 넘는다고 하는데, 이 고개를 넘으면서 나는 또 나만의 삶을 지탱하는 삶의 방식을 개척하려고 한다.

주위에서 내 나이 또래들은 모두가 젊어지겠다고 머리에 염색을 하는 것은 물론 입성도 좋아야 한다며 옷가지를 사는 데도 많은 돈을 대나보다. 심지어 운동을 한다며 매일 몸을 못살게 구는 사람들도 자주 본다. 그러나 나는 이제 나이 먹는 것에 역행을 안 할 작정이다. 온몸으로 세월을 받아들이는 고목처럼, 나도 세월에 농익은 몸과 마음을 만들어가고자 한다.

턱없이 분주한 세상에 던지는 화두
- 김용준의『근원수필』을 읽고 -

김용준의 수필은 수업시간에 아이들과 자주 읽는다. 문학시간에「두꺼비 연적을 산 이야기」,「추사글씨」를 읽고, 관련 수능 문제도 풀었다. 그리고 작년도에는「게」가 수능시험에 나와서, 다시 아이들에게 강조를 하고 있다.

이에 비해 정작 나는『근원수필』을 읽은 기억이 없다. 언제부터인지 모르지만 책꽂이 구석에『근원수필』이 자리하고 있었지만, 손에 진득이 들고 읽은 기억은 없다. 그러다가 올 여름방학 동안 나는『근원수필』을 여러 날 끼고 있었다.

나는 평생 문학공부를 했고, 수필 문단의 말석에 앉은 지도 어언 10년이 넘었다. 그러다보니 웬만한 수필집은 모두 읽었다. 그런데『근원수필』은 유명세만 익히 알고 있었지, 작품은 일일이 읽지 않았나보다.

사정이 이런데도 근원의 수필은 전혀 낯설지 않았다. 지방에 따라 김치 맛이 다르다고 하지만, 김치 본래의 맛은 다르지 않은 느낌이 있듯 김용준의『근원수필』은 선비들이면 누구나 가지고 있던 기품이 배어나왔다. 근원 선생이 스스로 수필은 '다방면의 책을 읽고 인생으로서 쓴맛 단맛을 다 맛본 뒤에 저도 모르게 우러나오는 글이고서야 수필다운 수필이 되는 것'이라고 말하고 있다. 그러면서 자신의 글은 '마음속에 부글부글 괴고만 있는 울분을 어디 호소할 길이 없어 가다오다 등잔 밑에서, 혹은 친구들과 떠들고 이야기하던 끝에 공연히 붓대에 맡겨 한두 장씩 끄적거리다 보니' 그것이 소위 자신의 수필이란 것이 되었다고 고백한다.

이 표현은 결국 근원이 수필관을 피력한 것이고, 동시에 자신의 글에 대한 겸손함을 드러내고 있는 것이다. 자신은 울분을 썼다고 하지만, 근원의 수필은 오랜 인생이 삭아서 우러나온 글이 대부분이다. 가다오다 만난 이야기여서 누구나 함께 공유할 수 있는 보편적 정서의 표현이고, 낯설지 않은 느낌이 있다.

누구나 그렇듯이, 나는 글을 읽으면 글의 내용에 빠져든다. 작가가 형상화하는 상상의 세계에 몰입을 하는 것이다. 하지만 나는 『근원수필』을 읽으면서 근원이 풍기는 사람냄새에 이끌렸다. 작품들이 모두가 선생의 자화상 같이 그려진 것이라 사람냄새가 물씬 풍긴다. 비록 구차하고 고통스러운 생활에 찌들고 시달리는 경우라 할지라도 아름다운 삶의 이야기는 넘치지도 부족하지도 않게 출렁인다. 두꺼비 연적 하나 사고, 아내에게 핀잔을 듣는 모습은 우리 주변에서 많이 볼 수 있는 중년부부의 삶의 풍경이다(「못생긴 두꺼비 연적」). 이발을 하러 가서도 이렇게 깎아 주, 저렇게 깎아 주 하는 의사표시를 하지 못하는 주인공(「8년 된 조끼」). 여자들과 달리 남자들이란 이발소에서 자신의 머리 깎는 의사를 말하지 못하는 경우가 많은데, 근원 선생도 그런 남정네들의 모습과 다를 게 없는 사람이다.

근원은 제법 공부도 많이 한 화가이면서 뛰어난 문필가였다.

친구들도 당시에는 꽤나 이름 있는 사람들이었다. 그러나 근원의 수필 속에는 이런 명성들이 드러나 있지 않다. 문장이 간결하고 산뜻하다. 글쟁이에서 그림쟁이로 넘나드는 이야기 속에는 한겨울 홀로 핀 매화 향기가 은은하게 번져온다. 만연체의 문장도 보이지 않는다. 그저 옆 사람에게 이야기하듯 짧게 쓴다. 어떤 때는 숨소리까지 들려오는 것이 근원의 수필이다. 심하면 땀냄새까지 그대로 풍겨온다. 피천득 선생이 수필은 청자연적이라는 절묘한 왕관을 씌웠는데, 근원의 수필은 청자연적이라는 명품의 근처에도 못 간다. 시골 무지렁이 선비가 담뱃대를 때리면서 뱉어내는 투박한 호흡이며 시골뚝배기 같은 문체가 우아하고 전아한 세계에는 얼씬도 못한다.

이런 문학세계는 근원의 욕심 없는 삶의 모습과 어울려 더욱 빛난다. 근원의 수필 「육장후기」는 근원 선생의 인생관을 엿볼 수 있는 작품이다. 이 작품은 작가가 아끼던 집(마당 앞에 70~80년 묵은 늙은 감나무가 있는 아름다운 고택, 작가는 이 집을 '노시산방'이라 했음)을 돈이 궁색해서 남(좋은 친구이며 같이 그림을 그리는 수화 김환기)에게 넘긴 이야기다. 보통 사람 같으면 후일 이 집값이 몇 곱절 뛰어올랐다는 소식을 접하면 잠이 안 올 것이다. 오히려 근원 선생은 "노시산방이란 한 덩어리 환영을 인연삼아 까부라져가는 예술심이 살아나고 거기에서 현대가 가질 수 없는 한 사람의 예술가를 얻었다는 것이 무엇보다 기쁜 일"이라고 즐거워한다. 세속에 물든 사람들은 손해를 계산하고, 집을 판 자신의 과오를 들먹일 것이다. 그러나 근원은 "인생이란 세상에 태어날 때 털 올 하나 가지고 온 것이 없다. 우리가 세상을 떠날 때도 털 올 하나 가지고 갈 수 없다. 물욕(物慾)

의 허망함이 이러하다."라며, 가난한 선비의 자세를 보인다.

스스로 '화도(畵道)를 걸어가는 것이 가장 행복되다(「생각나는 화우들」)'고 여기는 선생의 삶은 애초에 물질과 거리가 멀었을 것이다. 선생에게는 '현대는 괴물(「발(跋)」)'이고, '세상은 턱없이 분주한 것(「매화」)'이다. 이런 세상에 맞서 사는 것은 여간 힘든 것이 아니다. '세상은 그저 속아서 사는 곳인가 보다(「안경」)'라고 정신의 자유로움을 획득하고 초월성을 획득하는 것이다.

『근원수필』은 제법 오래전에 탈고한 글들이다. 문체도 투박하고, 담겨진 내용도 요즘 세태와 떨어져 있다. 그런데 좋은 글은 시대를 뛰어넘는다고 한 것처럼, 요즘 범람하는 수필과 다르다. 최근 쏟아지는 수필은 행세하는 사람들이 훈계하듯 말하기 때문에 읽다보면 가슴에 비수처럼 꽂히는 경우도 허다하다. 하지만 근원의 글은 청량한 솔바람 소리 같은 것이 들려오는가 하면, 바위를 따라 흐르는 물처럼 자연스럽게 읽혀진다.

근원이 돈벌이에 밝거나 능했다면 이런 글을 쓰지 못했을 것이라는 생각을 해본다. 그는 가지는 것보다는 베푸는 것을 좋아했고, 친구를 좋아했다. 그리고 그림에 빠져 사는 어리석은(?) 사람이다. 그러다보니 그는 생각이 깨끗해서 글도 맑다.

그렇다. 글이란 삶이다. 특히 수필은 그렇다. 턱없이 바쁜 일상에서 매화 향기를 탐하는 어리석은 사람만이 글을 쓸 수 있는 것이다. 이런 삶이 깊은 사유의 물줄기를 만들고 섬세한 언어를 배출하는 것이다. 간혹 행세깨나 하는 사람들이 글을 쓴다고 모국어를 가시밭길로 내치는 것을 자주 보는데, 그들에게 근원의 깨끗한 마음을 읽을 것을 권하고 싶다.

겨울 산이 보내는 침묵의 함성

새해 첫날 산에 올랐다. 내 딴에 제법 마음먹은 산행이다. 새해 첫날 누구보다 제일 먼저 해를 보고 싶었다. 모든 것이 죽어버린 듯한 겨울 산에서 뼛속까지 후벼 파는 바람에도 끄떡 않고 서 있는 나무를 보며 내 삶의 깊은 영혼까지 맑게 씻어내고 싶었다.

그런데 새해 첫날 동이 트기 전에 산에서 조용한 가운데 마음을 다독이겠다는 나의 계획이 수포로 돌아갔다. 산등성이는 아직도 어둠을 덮고 있는데, 울긋불긋한 등산복 차림의 사람들이 발끝으로 어둠을 차면서 오르는 소리가 크게 들린다. 혼자만 듣겠다고 귀에 이어폰을 꽂았는데 음악 소리가 밖에까지 들린다. 정상에 올라와서 휴대전화로 태양이 떠오르는 장면을 친지에게 중계하는 아주머니도 있다. 어떤 사람은 애완견까지 끌고 와서 깊은 산 속을 도떼기시장으로 만들어 버렸다.

참 시끄러운 세상이다. 지난 한 해를 돌이켜보니 우리는 엄청난 소용돌이 속에서 살았다. 미국과 아랍 단체는 서로 정당성을 주장하는 사이에 이라크에서는 연일 사망자가 늘었다. 북한 핵 문제도 답답하기 그지없다. 여섯 명이 모이는데도 잘 이루어지지 않았다. 일본의 역사 왜곡과 아베 총리 등장 그리고 점점 우경화하는 일본의 모습도 우리를 불안하게 했다. 이웃 중국의 동북공정 정책, 인도의 대지진, 끊이지 않는 테러 등 지구촌은 그 야말로 지옥 같았다.

우리 주변도 말이 많았다. 과학자 황우석의 진실게임, 그리고 그의 추락은 우리를 안타깝게 했다. 수도이전 문제를 둘러싼 갈등, KTX 여승무원들의 생존권 투쟁, FTA 협정에 따른 손익 논쟁, 노사 간의 대립, 연쇄 살인사건, 집값 걱정, 신도시 개발, 대추리 마을의 주민들, 국회의원의 성추행 사건, 공직자의 잇단 낙마. 이 모두가 한 해 동안 우리를 슬프게 했다.

조용한 날이 하나도 없었다. 텔레비전은 떠드는 사람들에게 아예 확성기를 대주는 것처럼 그들이 한 이야기를 또 다시 안방까지 전달하는 데 열을 올렸다. 과거 폭압적인 정권에 눌려 말이 없던 신문은 올해 유난히 목소리를 높이며 말이 많았다. 인터넷에서도 익명성의 가면을 쓰고 다니는 사람까지 가세해 정신이 없었다.

우리를 더욱 힘들게 했던 것은 사건도 사건이지만 사건을 두고 터져 나온 말들이다. 변명과 거짓 그리고 순간을 모면하려는 핑계, 남을 헐뜯는 말들이 우리를 힘들게 했다. 사람이 사는 세상에 실수가 있을 수 있고, 때에 따라서는 변명도 할 수 있다. 하지만, 사람들은 상대방의 실수만 보면 험한 말을 퍼부었고, 실수를 한 사람도 변명이 아닌 사실의 은폐를 위해서 떠들었다. 아니 이제는 없는 일도 꾸며내면서 험담을 하고, '아니면 말고 식'으로 뻔뻔하게 돌아서고 있다.

우리 삶의 모습도 변했다. 고향을 그리워하고, 이웃과 함께 사는 삶에 즐거워하던 모습은 간 데 없다. 사무실에서 매일 보는 얼굴끼리 이념의 줄다리기를 하고, 술자리에 가서도 정치권이 쏟아낸 말로 시시비비(是是非非)를 가리는 싸움을 한다. 언제부턴가 평범한 우리의 의식도 진보와 보수의 소리를 녹음해 둔 하나의 마그네틱테이프처럼 변했다.

살다보면 주장을 목청껏 높여야 할 때도 필요하지만, 때로는 침묵으로 대화할 줄 아는 지혜도 필요하다. 침묵은 복잡한 현실을 한 걸음 뒤에서 객관적으로 보게 하는 힘이 있다. 침묵과 대화하다보면 성숙한 내면이 만들어진다. 침묵의 숲을 걷다보면 맑은 영혼을 발견하고, 농익은 삶의 진실에 다다른다.

겨울 산에도 사람의 발길이 끊이지 않는 이유가 있다. 그것은 겨울 산이 보내는 침묵의 의미를 알기 때문이다. 겨울 산은 가혹한 추위에 모든 생명이 죽은 것처럼 보이지만, 꽁꽁 언 땅 밑에는 생명들이 새봄의 축제를 위해 호흡 없는 긴 침묵에 잠겨 있는 것이다. 나도 산 속의 고요함을 느끼고 싶어서 추위 속의 산행을 자주 한다.

산을 내려오면서 생각해보니 작년 한해 우리는 말의 홍수 속에 살았다. 지위 고하를 막론하고 나이가 많고 적고 간에 너나할 것 없이 마음속에 있는 말을 쏟아내며 살았다. 삼갈 때는 삼갈 줄 알아야 하는데 예의 없이 말해 버리는 사람들 틈에서 정신적 충격을 많이 받았다. 어디 말뿐이겠는가. 글줄깨나 쓰는 사람들은 거침없는 필봉을 휘둘러 우리를 어지럽게 했다. 권력 있는 사람들도 시끄러웠지만, 인터넷을 누비는 이름 없는 사람들도 험담과 욕설을 즐겼다.

말을 많이 하면 그만큼 행동도 따라야 한다. 내가 뱉은 말에 책임을 져야 하니 상대방에게도 주시 당한다. 반대로 말을 적게 하면서 상대방과 대화하면 내가 유리한 고지에 있는 것이다. 내 마음을 읽히지 않고, 오히려 상대방의 속내를 읽을 수 있다. 지피지기면 백전백승한다는 말처럼, 상대방의 마음을 읽는 대화법이 필요하다. 말로 설득하는 것보다 마음을 움직이는 화법이 필요하다. 때를 얻은 침묵은 지혜이며, 어떠한 웅변보다도 낫다고 했다.

　말이 많은 것은 결국 욕심이 많아서 생기는 현상이다. 새해에는 우리 모두가 욕심을 좀 내려놓았으면 한다. 말을 참고 있으면, 생각도 좀 훤해질 수 있다. 그때 따끔하게 말할 줄 알아야 한다. 올해는 대통령 선거까지 있어 그야말로 말이 폭포처럼 쏟아질 것인데, 침묵이 때로는 더 큰 함성으로 들리는 지혜를 발휘했으면 하는 바람이다.

가을, 그 홀연히 흘러간 시간들

낙엽을 보고 있다. 붉은 빛으로 물든 잎들이 서러운 몸짓으로 떨어진다.

가을은 한 해의 끝자락이 보이기 때문에 마음을 뒤숭숭하게 하는 것이 아닐까. 그 화려한 일생을 마감하면서 미련이 남았는지 이리저리 방황하며 가슴을 시리게 한다. 푸른 여름을 오래 버티지 못하고 머지않아 그 자리에 냉혹한 겨울을 앉힌다는 생각을 하니 벌써부터 가슴 저 밑바닥이 을씨년스럽게 느껴진다.

하지만 가을이 왜 소멸의 노래만 들리겠는가. 나뭇가지를 떠나 땅으로 맥없이 구르는 듯하지만, 언젠가는 땅 속으로 스며들어 다른 나무의 자양분이 된다. 나에게도 붉게 타는 나뭇잎은 아련한 과거의 강을 거슬러 올라가는 연어처럼 다가온다.

사춘기 때 가슴앓이를 심하게 했던 기억이 떠오른다. 해마다 이맘때면 그때의 시간들이 낭자한 하혈을 즐기는 나뭇잎처럼 나를 슬프게 한다.

고등학교 때였다. 옆에 짝이 독특한 녀석이었다. 녀석은 공부도 그럭저럭 했는데 주먹도 있었다. 게다가 이놈이 의리까지 있어서 우리 세계에서 인기를 독차지했다. 그렇지만 나는 이런 것에는 관심이 없었다. 오직 이놈이 제법 여자를 많이 만난다는 것이 부러웠다. 그때만 해도 여학생을 만나는 것은 교칙에 어긋나고, 선생님께 들통이 나면 처벌을 받는 것이었다. 그런데 녀석은 종로까지 나가서 여학생을 자주 만나고 온다고 자랑을 했다.

 나는 애써 여자에 관심이 없는 것처럼 말하곤 했지만, 사실 나도 여학생을 만나고 싶었다. 여학생을 만나 빵집에서 유리컵에 하얀 우유를 시켜놓고 정담을 나누고 싶었다. 이야기하다가 여학생이 우유를 마시고 나면 입가에 우유 자국이 여리게 남는 것을 보고 싶었다.

 해서 어느 날 내가 녀석에게 도움을 청했다. 그 많다는 여자친구를 한 명만 소개해 달라고 했다. 그 부탁은 마음의 우물 속에서 몇 번이고 두레박질을 하다가 어렵게 꺼낸 것이었다. 그런데 대답은 의외로 싱거웠다. 당장 소개해 준다는 것이었다. 듣기만 해도 가슴이 두근거렸다.

 녀석이 대답은 간단하게 해 놓고 실천을 하지 않았다. 알아보고 있는 중이라고 핑계를 댔다. 그러더니 내가 착하기 때문에 착한 아이를 고르는 중이라고 했다. 그러다가 내가 키가 작으니 그것까지 고려하는 중이라고 친절을 베푸는 듯했다.

 기다려도 기다려도 소식이 없더니, 녀석이 드디어 여학생의 주소를 건넸다. 직접 만나기 전에 편지를 주고받으며 마음을 끌라는 것이었다. 그러곤 만나는 것은 내 몫이라며 슬쩍 발을 뺐다. 기대가 달라져서 순간 실망했지만, 잘 되었다는 생각을 담았다. 어차피 내가 혼자서 여자를 만나는 것도 감당하기 어려운 일이었다. 따라서 편지를 주고받으면 일이 쉽게 풀릴 것이라는 안도감이 생겼다.

 그날부터 열심히 편지를 썼다. 멋을 부리려고 원고지에 쓰기도 했다. 경복궁에서 있었던 백일장 이야기도 쓰고, 이상의 「날개」를 읽은 이야기도 썼다. 공부는 아예 접었다. 오늘이나 내일이나 답장만 기다렸다.

낙엽도 기다림에 지친 듯 무수히 떨어지기 시작했다. 나는 친구가 내 성화에 못 이겨 거짓말을 한 것이라고 다그쳤다. 녀석은 오히려 큰소리를 치더니 며칠 있다가 여학생 사진을 갖다 주었다. 사진을 받은 나는 다시 밤을 밝히며 편지를 썼다. 「낙엽」이라는 시에서 '시몬, 너는 좋으냐 낙엽 밟는 소리가?' 라는 시구를 변용하고, 읽지도 않은 괴테의 『파우스트』를 읽었다며 편지를 썼다.

제법 정성을 들였지만, 여전히 답장은 먹통이었다. 단발머리에 입술을 야무지게 다물고 있는 여고생은 사진으로만 보아야 했다.

그러던 어느 날 친구 녀석이 나에게 여자가 만나기를 원한다는 연락을 주고 갔다. 엉뚱하게 남산 시립도서관으로 이끌렸지만, 호기를 부리는 것이며 함께 간다는 말에 의심을 하지 않고 갔다.

나는 약속 장소에서 친구의 누나를 만났다. 누나가 그동안 받은 편지를 읽고 답례를 해야겠다며 나를 불렀다고 한다. 친구 누나는 수도여자사범대학 국어교육과에 다녔다. 그래서 내가 글을 제법 잘 쓴다고 칭찬을 아끼지 않았다. 꼭 국문과에 진학하라고 격려도 했다.

처음 나는 친구가 속인 것에 화를 냈다. 내가 부끄러웠고, 누나에게 죄송했다. 그런데 나는 황순원님의 「소나기」에 나오는 주인공 소년처럼 앉아서 누나의 말을 들었다. 나는 내내 얼굴이

빨개져서 대답도 못했다. 마치 숨기고 있어야 할 내 감정을 모두 들켰다고 생각했다. 누나의 불그스레한 볼에서 눈을 떼지 못하고 있었다. 한 점 티 없는 맑은 눈동자를 잊을 수 없었다. 그날부터 나는 밤마다 누워서 천장에 누나의 얼굴을 그렸다. 긴 머리를 그리고 또박또박 말하는 음성도 들었다. 편지도 다시 썼다. 가슴 시리게 뒹구는 낙엽의 쓸쓸함을 담았다. 이제 긴 아픔의 터널을 벗어나고 싶다는 최후통첩까지 보내면서 답장을 기다렸다.

기다림으로 나는 심한 열병을 앓았다. 상사병은 아니었지만, 슬픔과 공허감이 나를 적셨다. 철저히 혼자라는 사실에 가슴 아파했다. 그 아픔은 실제로 그해 겨울까지 감기를 앓게 했다. 참 많이 아팠다.

지금 생각해보니 그때 간절함에 목말라 했던 것이 나를 소진한 것이 아니었다는 생각이다. 오히려 나에게 생산적인 구원을 가져다주었다. 한 사람을 위해 혼신의 힘으로 불태웠던 그 맑은 영혼이 나를 아름답게 했다. 다행히 나는 그 시절 책을 읽고, 글쓰기를 하면서 아픈 상처를 치유할 수 있었다.

'세월은 망각을 위한 최상의 약'이라는 말이 있다. 그러나 고등학생 때 추억은 매년 내 삶의 길목에서 바람을 타고 굴러 다녔다. 과거의 우물 바닥에서 희미하게 있다가 해마다 가을이면 눈부시게 떠오른다. 그 눈부심이 나를 늘 맑고 깨끗하게 살게 하지 않았나 생각한다.

다시 낙엽을 본다. 가을이면 낭자한 하혈을 즐기는 낙엽은 추억의 퇴적물이다. 낙엽은 찬란한 슬픔으로 나의 가슴을 적신다. 낙엽은 여인이다.

3박 4일의 출가(出家)

올해도 나는 종조부(從祖父) 기제사에 참석하기 위해 부산행 기차를 탔다. 종조부는 부산의 조그마한 절에서 모시고 있었다. 종조부의 하나밖에 없는 아들, 즉 나에게는 종숙(從叔)이 되시는 어른이 그곳 주지스님이었다.

촌수로는 종조부이지만, 아버지 형제분들께는 할아버지께서 일찍 세상을 떠나셔서 아버지 그늘처럼 의지하고 자랐고, 종숙과도 의초롭게 지냈다고 한다.

그래서 멀리 부산으로 모셨어도 매해 거르지 않고 제사에 참례하셨다. 그런데 아버지 형제분들이 칠순을 넘기시고부터는 직접 가시지 못하고 손자뻘에서 갔다. 이때도 다른 형제들은 사업 때문에 다 회사에 매여 있으니, 방학이 있는 내가 심부름꾼으로 추천되었다.

사실 부산행은 명목상 심부름이었지, 나에게는 돈을 한 푼도 들이지 않고 여행을 즐기는 것과 같았다.

이따금 어디론가 떠나고 싶은 그런 때가 있었다. 수레의 바퀴처럼 사는 일상의 편린들이 텅 빈 가슴에 상처를 낼 때, 혼자서 비집 나가고 싶은 때가 한두 번이 아니었다.

8월의 여름 해가, 산사(山寺)로 가는 길은 험난해서 오르지 못

했나 보다. 산으로 가는 길은 어슴푸레하고, 풀벌레 소리와 예불 소리만 들린다.

나를 반겨준 사람은 공양주 보살님이었다. 늙수그레한 아주머니였는데, 나를 꼭 조카보살님이라고 부르신다. 나는 부처님 근처에도 못 갔는데 미안스럽게도 늘 보살님이라고 부른다.

종숙을 뵙는 순간, 나는 얼떨결에 허리를 굽혀 인사를 했다. 그 순간 늘 그랬지만 종숙께서는 두 손을 모으며 허리를 굽혀서 답례를 하셨다.

만나기가 무섭게 나는 서울에서 가져온 돈 봉투를 꺼내면서 집안 어른들의 근황을 장황하게 늘어놓았다. 특히 어머니께서 챙겨주신 삼베 이불에 내 아들딸의 이름을 꽃실로 수를 놓으신 쪽을 보여드리며, 어머니께서 흐린 눈을 깜빡이면서 만드신 것이라고 강조하기도 했다.

스님은 곧게 앉아서 말씀이 없었다. 나는 집안 어른들과 형제들의 생활상을 궁금해 할 것이라고 믿고 길게 늘어놓았지만 한 말씀도 없이 듣고만 계셨다.

스님은 집안의 일이 궁겁지 않았던가. 칠순이 넘으신 사촌 형제들, 장성한 조카들이 보고 싶지도 않단 말인가. 선가(禪家)는 혈육도 없다는 것인가. 속마음에 불평을 품고 있을 때 밥상이 들어왔다. 공양주 보살님이 "스님께서 조카보살님과 함께 하시려고 공양도 하시지 않았습니다." 라고 말씀했다. 순간 스님을 원망했던 감정이 부끄러웠다.

수저를 들고 밥상에 앉았지만 절밥은 맛이 없었다. 대웅전의 향내음이 절내를 떠돌고 있어 밥을 먹는 데도 빨려 왔다. 오히려 식사 후 평상에 앉아서 먹는 과일은 상큼한 맛이 이에까지 묻어

와서 실컷 먹었다.

이곳은 달이 몹시도 낮게 떠 있다. 산이라는 것도 있겠지만 맑은 바람이 하늘에서 자꾸 날려와 달이 한 자락씩 뜰로 가라앉는 듯했다.

사위(四圍)도 적막하다. 들리는 것은 풀벌레 소리와 이따금 바람에 날리는 처마 끝 풍경 소리뿐이다. 그런데 이 소리가 사위를 더 적막으로 쓸어내는 것은 무엇인가.

"스님……."

적막에 두려움을 느끼고 스님을 불렀다.

"……."

"큰아버님께서 오시고 싶었는데, 차 타기가 힘드시다고 합니다."

"……."

"어머니께서 숙부님의 20대 모습을 말씀해 주셨습니다."

잠시 뜨악한 침묵이 흘렀다. 나는 뜬금없이 숙부님이라고 했다. 그렇지만 스님은 아무 말씀이 없었다.

나는 못된 선입관을 하나 가지고 있었는데 오늘 또 그것이 발동을 할 뻔했다. 왠지 수행자들은, 특히 승려와 신부, 수녀들은 사랑의 극한적 실패 때문에 종교에 귀의하는 것이라고 생각했다. 그래서 종숙부님의 돌연했던 출가(出家)도 그러지 않았을까 허투루 생각하고 있었다.

나는 스님이 거처로 돌아가신 뒤에도 평상에 나부라져서 모기를 쫓고 있었다. 공양주 보살님이 오래 비워둔 방이라 습기가 많다며 군불을 피웠기 때문에 도저히 잠을 잘 수가 없었다.

간밤 잠을 이루지 못했는데, 새벽 예불 소리가 귓가에 맴돌면서 또 나를 괴롭혔다. 벌써 마당 끝까지 다 쓸린 흙길을 따라 뒷산 계곡에 올랐다. 올라온 김에 얼굴을 씻었다. 물이 얼음보다 차다. 수정같이 맑은 물이 돌 틈을 빗겨가고 있다. 머리 위에 새들은 낯선 손님에도 아랑곳하지 않고 흘레하기에 정신이 없는지 나무 사이를 강중거린다.

아침에 일어나면 마약처럼 달려들던 신문도 없었다. 신문이 절내에 들어오는 듯했지만, 나는 일부러 번놓았다. 대신 스님이 여기저기에 꽃과 채소를 가꾸어 놓은 곳을 기웃거렸다. 연일 계속되는 가뭄에도 울긋불긋한 꽃사태에 스님의 마음씨가 엿보인다. 마른 땅에서 과실을 힘겹게 매달고 있는 나무들은 스님이 생명을 아끼는 마음도 함께 달려 있다. 스님은 행업(行業)에 선근(善根)을 심으면 반드시 선과(善果)를 맺고, 악인(惡因)으로는 반드시 악과(惡果)를 얻는다는 인과응보(因果應報)의 진실을 터득하기 위해서 손수 꽃, 채소와 과실나무를 심었다고 한다. 한가로이 정원을 가꾸면서 농촌의 서정을 어루만지고 싶어 하던 나에게는 무언(無言)의 설법(說法)처럼 들렸다.

구름만 없었지 신선이 되었다. 앉기만 하면 뒤뜰에서 방금 딴 과일이 내 무릎 앞에 있었다. 아무데나 누워도 파아란 하늘이 손짓을 했다. 처음엔 낯선 손님을 경계하듯 울던 풀벌레들도 알은 체하면서 세차게 울었다.

아무것도 안하면서 3일 동안 절밥을 먹었다. 귀한 방문객 취급을 받으면서 손끝에 물 한 방울을 안 묻히고 절내에서 서성거렸다.

"믿음이 불순하면 진실한 믿음이라 할 수가 없다. 진실한 믿음이란 맑고 깨끗한 마음에서 우러나는 것이다. 이러한 맑고 깨끗한 믿음의 마음을 가지고 있는 사람은 실상을 보게 되느니라……."

밤하늘의 별빛에 빠져들어서 더위도 잊고 있었는데, 갑자기 스님께서 어제 들려주신 이야기가 떠오른다. 엊저녁 녹차를 달여 주시면서 화엄경의 구절이라고 말씀하셨는데, 첫날 내 마음속에 갈등을 일으키던 것을 꾸짖는 것처럼 들렸다.

안개 속에서도 옷깃이 젖는다고 하더니 어느덧 내 몸에도 부처님의 향기가 돋는 것인가. 그때는 뒷귀 먹었던 말씀이 지금에서야 마음에 여울진다.

산중에서 시간을 벗어두고 지난 것을 헤아리니 꼭 3일이었지만, 시간에 매이지 않고 지내다보니 1주일은 넘은 듯했다. 동안 먹물 옷만 걸치지 않았지 나도 잠시나마 불가(佛家)의 밥을 먹었다.

극구 마다하는데도 숙부께서 역까지 나오셨다. 가족 모두에게 안부를 여쭙는 인사와 집안 어른들께 드리는 선물을 속옷으로 사주셨다. 늘 합장을 하시던 인사도 손을 내밀면서 악수를 청해오셨다.

인사를 끝내고 기차에 오르니 차창으로 숙부님의 모습이 보인다. 절에서는 큰 스님으로 추앙받는 분이지만, 지금은 세속적인 삶의 궤도에서 이탈한 수행자처럼 보인다.

숙부님 뒤로 멀리 절을 품고 있는 연봉(連峰)들이 보인다. 떠나는 나에게 아쉬운 듯 손을 흔들고 있다. 나도 손을 들어 인사를 건네고 싶었다. 하지만 나는 끝내 손을 들지 못했다. 지금까지 느끼지 못했던 혈육의 정이 스님의 장심(掌心)으로 뜨겁게 전해 와서 손을 흔들 수가 없었다.

노송(老松), 늘 적막한 표정으로 서있는 나무

노송(老松)을 본다. 사실 노송은 외양적인 모습만을 보자면 볼품이 없다. 다른 나무들처럼 모양새도 갖추고 있지 않고 눈을 황홀하게 하는 요염한 자태도 없다. 혹 가까이 가서 만져보더라도 파충류의 표피처럼 느껴지는 나무 등걸에서 이상한 것이 묻어 나와 잘 닦이지 않는다.

소나무는 멀리서 봐야 제격이다. 소나무는 풍상을 못 견딜 듯하다가 의연하게 견뎌낸 듯한 굽은 허리가 마음에 와 닿는다. 아니 탈속(脫俗)은 했으되 아직도 속세의 미련을 완전히 단속(斷俗)하지 못한 고뇌의 표정으로 힘겹게 서 있는 모습이 애처롭게 보인다. 그리고 허리춤에는 일체의 잔가지를 내지 않고 머리로만 곁가지를 뻗어 있는 모습이 일품이다. 촘촘한 잎도 하늘로만 주뼛주뼛 뻗은 것이 서로 어긋나서 뻗은 것은 하나도 없다.

나무들 중에 가장 수관(樹冠)이 좋은 것을 뽑으라면 노송을 뽑고 싶다. 잔가지를 내지 않은 우아한 기품이 있다. 사람의 손이 닿지 않는 높은 곳에서만 잎을 피우는 습성은 탐욕과 세속을 멀리하기 위한 선비처럼 느껴진다. 소나무는 이 땅의 곳곳에서 때로는 집을 지어주고 때로는 먹을거리를 주며 살아온 민족의 나무다. 미끈한 나무는 기둥으로 쓰고, 결이 고운 것은 가구의 주재료가 된다. 옛날 흉년이 드는 때는 굶기가 어려워 소나무 껍질로 송기떡이나 송기죽을 쑤어 먹었다. 철없는 아이들은 봄 나무에 물이 오를 때 단맛에 끝대를 꺾어 먹고 놀았다.

소나무는 잎과 뿌리도 우리에게 이익을 주고 떠난다. 송편을 찔 때 서로 엉겨 붙지 않게 솔잎을 사용하는 풍습은 오늘까지 애용되고 있다. 요즈음은 이 솔잎이 혈관 벽을 강화시켜주는 작용이 있어 약용으로 쓰이기도 한다. 또, 산뜻한 냄새가 좋아 건강차로도 요긴하게 쓰이고 있다. 우리 한복의 단추와 귀인의 노리개로 사용하던 황금빛 호박도 소나무의 땅 속 뿌리가 송진을 내어 천 년이 지나면서 만들어낸 것이다. 선비들이 탕건에 다는 장식도 이것이다.

수백 년이 넘은 늙은 소나무들이 교교한 달빛 아래서 깊은 명상에 잠겨 있다. 적막(寂寞)이 표정처럼 굳어버린 노송을 보고 있으면 닫혀있던 사색의 문이 열린다. 그림에 손방인 나도 길가의 이런 노송을 보고 있노라면 불현듯 먹을 갈고 싶다. 그리고 여백이 돋보이는 산수화 한 폭을 그리고 싶다. 순백의 학이 날아드는 그런 그림을 그리고 싶다. 일찍이 고산(孤山)이 절후의 변화를 무시하고 한결같은 상청(常靑)을 자랑하는 소나무를 보고 꿋꿋한 절개를 느꼈던 것처럼, 엄동설한에도 푸른빛을 잃지 않고 하늘에 닿을 듯이 우뚝 솟은 낙락장송(落落長松)을 보고 있노라면, 핍박 아래서도 죽음을 무릅쓰고 독야청청하겠다던 선비의 단심(丹心)을 읽을 수 있다. 수많은 외침 속에서도 의연하게 민족정기를 지켜온 우리 민족의 삶은 소나무의 늠름한 모습과 너무나 닮았다. 적연부동(寂然不動)한 자세로 흙에 뿌리를 박고, 끈질기게 호흡하며 세월을 삭이고 있는 노송이 아름답다. 그 노송의 곡선이 또한 한국적이다. 그 절묘한 선형(線形)은 아무리 보아도 싫증이 나질 않는다. 꼭 모나지 않은 우리 겨레의 심성을 닮았다.

소나무가 앙버티고 있는 뒷모습은 할아버지의 모습을 연상케 한다. 어린 날 코끝이 떨어져 나가는 추위 속에서 두 손을 호호 불며 발을 동동 구르는 나에게 뭐가 그리도 춥냐, 사내 녀석이 이 정도 추위는 이길 줄 알아야지, 하시면서 앞서서 추위를 막아 주셨던 할아버지다.

노송은 예로부터 장생불사(長生不死)를 표상하던 물상의 하나로 천 년을 넘게 사는 신령스러운 나무이다. 소나무는 영험도 있었다. 속리산 입구에 서 있는 소나무는 세조 임금이 지나면서 '연이 걸린다' 고 말하자 스스로 가지를 들어 올려 어가(御駕)를 무사히 통과하게 해, 정2품의 벼슬을 받았다. 수원 화산(花山)의 소나무도 벼슬을 받을 만하다. 이곳의 소나무도 정조대왕이 생부 장헌세자(일명 사도세자)를 위해 내탕금 1,000량을 하사해 조림을 했던 것이다. 그러나 소나무는 송충이가 많았다. 급기야 고을에 영을 내려 송충이를 잡도록 했지만 여전히 기승을 부렸다. 할 수 없이 정조대왕께서는 능행차 중 송충이 한 마리를 친히 잡아 이로 깨물었더니 솔잎에 붙어 있던 송충이들이 모두 땅에 떨어졌다는 것이다.

노송은 혼자서도 그 자태와 용모가 빛나지만, 주변 경관을 더욱 운치 있게 하는 후덕(厚德)이 있다. 둥근 바위도 그냥 있으면 돌덩어리이지만, 노송 옆에 갖다 놓으면 신선이 누워서 낮잠 자는 공간이 되고, 언덕배기에 노송이 있다면 정자가 필요 없는 쉼터가 된다. 노송은 절대로 집 한가운데 있지 않다. 집 뒤뜰에 있어서 바람막이도 하고 외부 침입자를 막는 울타리가 된다. 깊은 산 절에도 뒤로 가야만 만날 수 있는 것이 소나무군(群)이다. 사람이란 모두가 제 잘 사는 데에만 몰두하고 도무지 이웃과 함께 사는 데 배려를 하지 않는다. 소나무가 사는 모습을 보면, 머리를 숙이지 않을 수 없다.

높은 절벽 기암괴석 틈을 뚫고 아슬아슬하게 서 있는 노송을 보고 있으면 신비감뿐만 아니라 외경심마저 느껴진다. 돌 틈을 비집고 나왔으면서도 머리를 하늘로 향하고 있는 노송은 자과자존(自誇自存)함이 없이 언제나 침묵 속에 잠겨있는 군자풍의 덕성을 뽐내고 있다. 그것은 마치 그 밑에 있는 담수(潭水)에 어리는 그림자조차도 세상의 근심을 초월하여 해탈의 한복판에 서 있는 강직한 은사(隱士)의 풍모를 지니고 있다.

노송을 본다. 정갈하고 티 없이 살아가는 노송을 보고 있으면, 물욕과 허영에 때 묻은 내가 내세(來世)에 가서나마 한 그루 노송이 될 수 있을까 하는 의구심이 끊임없이 피어오른다.

늦은 인생살이에 대한 푸념

누구나 살다보면 마음속에 못마땅한 것을 담고 사는 경우가 있다. 나란 위인도 짧은 인생을 살고 있지만, 평생 동안 손해 보는 인생살이를 살고 있다고 생각하고 있어 늘 불만이다.

나는 남들보다 초등학교 입학이 늦었다. 지금은 많이 좋아졌지만, 그때는 몸이 젓가락 같아서 도저히 밖으로 나가서 생활할 수 없었다고 한다. 그러다보니 남들은 나이가 차면 다 가는 초등학교도 제 나이에 가지 못했다.

해서 나는 고등학교 다닐 때까지 또래들보다 한 살 많다는 것이 늘 풋감 먹고 얹힌 것처럼 느껴졌다. 뒤처진 인생의 나이테처럼 느껴졌다. 그들과 함께 경쟁하는 것은 공정한 경쟁이 아니라는 생각도 들었다. 어떤 때는 내가 벅찬 일을 했어도 결국 그것이 나에게 만족의 기쁨을 주지 않았다.

그때 또 하나의 부끄러움은 학교에서 주먹을 휘두르는 아이들이 나와 동갑이었다는 사실이다. 그들은 전교에 서너 명 있었다. 그들은 또래들보다 1년이 많은 나이를 훈장처럼 달고 다녔다. 속된 말로 1년을 꿇었다며, 휘하에 서너 명씩의 부하들(?)을 동반하고 다니며 세력을 과시했다. 하지만 나는 힘도 없었고 주먹도 약했으니, 한 살 많은 것이 오히려 한없는 부끄러움이었다.

대학을 가니 상황이 달라졌다. 당시에 고등학교 졸업과 동시에 대학에 입학하지 못한 사람들이 많았다. 즉 재수는 필수라고 했다. 그러니 나와 나이가 같은 사람들이 많았다. 덕분에 나는 어떻게 하다가 재수를 하고 대학에 입학한 대접을 받아버렸다.

고등학교 때까지는 또래보다 한 살이 많다는 것이 부끄러움이었는데, 대학에서는 그러지 않아도 됐다. 삼수생도 제법 있었으니, 이제 나이도 속일 필요가 없었다. 띠를 밝히면 선배 대우도 해주고 그럭저럭 지낼만했다.

늦게 출발한 인생은 여기서 끝나지 않았다. 사회에 발을 딛고서는 아픔이 컸다. 나는 일찍 학교 다닌 사람들하고는 두 해나 차이가 났다. 나는 그들보다 교직에도 늦게 들어섰다. 나는 나이는 많았지만, 경력은 짧았다. 동년배들이 1정 연수를 갈 때, 나는 신규 발령장을 받았다. 연수 대상자를 선발할 때도, 표창 대상이 될 때도 나는 잃어버린 경력 앞에서 주저앉곤 했다. 연봉도 제법 차이가 나서 나보다 나이가 서너 살 아래인 후배와 같다. 나이가 같은 사람들이 나보다 먼저 앞서 갈 때도, 나는 그저 뒤숭숭한 마음만 끌어안고 있을 뿐이지 더 이상 욕심도 못 내고 있다.

학교 다닐 때는 늦은 인생에 대한 서운함을 그럭저럭 참을만 했다. 그런데 교직생활을 하면서 맞닥뜨리는 손해는 마음속으로 삭이기에는 힘든 경우가 많다. 승진문제도 걸리고, 멀리는 연금문제도, 심지어 퇴임 후 주는 훈장까지도 경력 미달로 인해 불이익을 받을 것이다.

이러고 보면 나는 내 힘으로 극복할 수 없는 영원한 인생의 낙오자인 셈이다. 심한 자괴감이 인다. 내 인생에서 손해를 본 것은 누가 보상해준단 말인가. 남들은 얼떨결에 출세도 한다는데,

왜 나는 지지리도 복이 없단 말인가. 주변에서 이야기하다보면 내 나이 축에 드는 사람들은 출생신고를 늦게 해 나이를 덜 먹은 경우가 많은데, 왜 나는 제 나이에 호적에 올렸단 말인가. 불경스럽게 부모님을 원망하기도 했다.

참 오랫동안 이 생각이 나의 발목을 잡았다. 한없이 절망의 늪으로 빠져들게 했다. 다행히도 나를 이 늪에서 빠져나오게 한 계기가 있었다. 그것은 어떤 물질적 보상도 아니었다. 단순한 생각의 전환이었다. 한편 생각해보면, 늦게 출발한 인생이 나를 더 젊게 했다. 나보다 어린 사람과 교직을 출발했다는 생각을 했고, 그들과 경쟁을 했다. 나는 늘 나보다 젊은 사람과 같이 서 있었고, 생각도 그들과 같이 했다. 그들에게 책잡히지 않으려고 오히려 노력도 많이 했다. 당연히 그런 것들은 나의 생활 태도를 성실하게 했고, 나의 능력 이상의 성과도 생산해 냈다.

어설픈 인생철학일지 모르지만, 나는 삶의 새로운 모습에 눈을 두기 시작했다. 그것은 우리의 삶이라는 것이 먼저 가고 있는 사람의 몫이 아니라는 것이다. 조금 늦게 갔어도 부지런한 사람이 조명을 받을 수 있는 것이 인생이다. 그래서 요즘은 아예 느긋하게 생각하고 바쁠수록 쉼표를 찍으려고 한다. 때로는 한발 쉬었다가 돌아온 길을 되돌아보면서 여유를 가지고 살려고 노력한다.

한평생 긴 인생에 조금 늦은 때가 문제겠는가. 순간마다 뜨겁게 사는 것이 중요한 것이다. 삶이란 남과 비교해서 발견하는 것이 아니라, 내 자신에 얼마나 충실했는지에 의해서 발견되는 것이다. 삶이란 남보다 나은 것에 목적이 있는 것이 아니라, 그 자체의 아름다움을 만들어내는 것에 목적이 있다.

나는 가끔 같은 연배의 선생님과 비교를 하다가 이내 마음을 접는다. 비교의 시소를 타다보면, 초라해지고 부끄러움만 쌓이는 것을 알기 때문이다. 이뿐만이 아니다. 전에는 큰 자동차만 보고, 우리 집은 늘 비좁다는 생각만 했다. 남과 비교하다보면 내 생활이란 것이 한없이 배고픔만 느끼게 된다. 그래서 이제는 그런 어리석은 생각은 아예 꺼내지도 않기로 했다. 그저 내가 서 있는 자리에서, 내가 걸어가는 모습에서 아름다운 모습을 찾으려고 할 뿐이다.

한밤중에 인생론을 쓰다 보니, 신은 참으로 위대하다는 생각이 든다. 나처럼 손해 본 인생의 값을 귀중한 삶의 철학으로 챙겨 주시니 말이다.

두 개의 세탁소 이야기

내가 사는 아파트에서 큰 도로로 나가는 좌측 편에 넓은 빈 터가 있었다. 그 곳은 항시 동네 아이들의 놀이터였다. 퇴근길에 아들 녀석이 여기서 튀어나온 것이 한두 번이 아니었다.

이곳에 3층짜리 상가건물이 새로 들어앉았다. 그리고 온갖 가게들이 문을 열기 시작했는데, 눈에 띄는 가게가 하나 있었다. 1층의 반을 차지하고 있는 세탁소였다. 이 세탁소는 기계 한 대 값이 얼마이고, 컴퓨터 시스템이 어떻고, 주인이 서울에서 대학을 졸업했느니, 안했느니 하면서 개업을 하기 전부터 장사하고는 직접 관련이 없는 소문까지 뿌리고 있었다. 분명한 것은 이 세탁소는 보기 드물게 호화스럽게 문을 열었다는 것이다.

하지만 우리 동네에는 이미 세탁소가 하나 있었다. 공터를 앞마당 삼아 있던 세탁소였는데, 이제 큰 건물 궁둥이에 코를 박고 있는 격이 되었다.

새 세탁소가 하도 어이없는 소문까지 몰고 다녀서, 출퇴근길에 유심히 살펴보면서 두 세탁소를 눈여겨보았다. 상가건물에 있는 세탁소는 전면이 유리로 되어있고, 내부에도 색깔 고운 기계가 으리으리하게 자리하고 있다. 상호도 '하얀 빨래방'이라는 글씨가 선명하게 보인다. 초현대식의 컴퓨터 세탁방식을 쓰고 있다는 네온사인도 밤늦게까지 되록거리면서 길 가는 사람들의 시선을 붙들고 있다.

　반면 새 건물에 파묻혀 버린 세탁소는 뒷골목 오미에 웅숭깊이 자리하고 있다. 간판도 있는지 없는지 모르겠다. 건물 겉모습도 희끄무레하게 얽은 듯하다. 오가는 길에 뭉긋이 열린 문틈으로 보면 허름한 소파 위에 세탁물이 게저분하게 쌓여 있을 적이 태반이었다. 우람한 건물의 세탁소는 공간도 꽤 넓게 보이지만 이곳은 옷가지가 온통 천장에 매달려 있어서 얕은 지붕이 더욱 낮게 보인다.

　극단적으로 다른 두 개의 세탁소를 보고, 나는 당연히 아내는 상가건물 세탁소를 다닌다고 믿었다. 아니 이제 어느 쪽을 선택해서 다닐 필요가 없다. 초현대식, 애프터서비스, 신속배달 등의 선전문구와 화려한 기계가 막연하게 좋은 세탁소라고 생각했다. 동네에서 눈짐작으로 하던 세탁소는 이제 서리 맞은 구렁이겠지…….

　그런데 아내는 아직까지도 그 허름한 세탁소를 다니고 있다. 그것도 다리품까지 팔면서. 슬쩍 새로 생긴 세탁소 이야기를 꺼내 보기도 했지만 아내는 귓등으로 듣고 있다.

　일단 그 곳에선 세탁비를 깎을 수 있다. 상가 1층에 자리한 빨래방은 바지 하나에 얼마, 윗도리 하나에 얼마, 와이셔츠 하나에 얼마 하면서, 옷가지 하나하나에 가격이 매겨져 있다. 노루꼬리만큼 남은 동전 한 닢까지 다 지불해야지만 영수증이 튀어나오는 야박한 계산기가 있다.

　이곳엔 세탁물을 일일이 계산하지 않는다. 돈이 생기면 뭉뚱그려 계산한다. 이때도 규정된 가격대로 지불하지 않고, 끄트머리 은전 몇 닢은 몇 마디 오고가면 없어진다.

1층 상가건물의 세탁소는 새로 지어서인지 여기저기에 젊다고 버티는 오만이 있어 보인다. 그곳에 들어가면 어린시절 부유한 친구 집에 놀러간 것처럼 조심스럽다. 반면 구석진 세탁소는 건물부터가 텁텁함이 배어 있어 좋다. 중실한 주인아저씨와 아주머니도 편안하고 푸근하다.

기계가 일을 해서인지 컴퓨터 세탁소 주인은 간혹 넓은 소파에 앉아서 신문을 보는 시간이 많다. 뒷골목의 세탁소는 멀찍이서 보아도 부부가 쉬는 것을 못 보았다. 아저씨는 서서 다림질을 하고, 아주머니도 재봉틀에서 부지런히 몸을 움직이고 있다. 누꿈해진 시간에는 앞마당에 나와 비질이라도 한다.

이 세탁소가 허름하면서도 동네 사람들의 따뜻한 시선을 받는 것은 아주머니의 재봉틀 솜씨 때문이다. 양복바지에 담뱃불이 붙어 손가락 크기의 구멍이 나서 걱정스럽게 세탁소에 달려간 적이 있다. 워낙 구멍이 커서 걱정을 했는데, 약속한 날짜에 찾으러 가니까 짜깁기 솜씨가 얼마나 좋든지 해어진 마음까지 말끔히 기워주었다.

상가건물의 컴퓨터 세탁소는 세탁만 한다. 하지만 이곳 세탁소는 새 옷을 사서 소매를 줄이러 가면 눈짐작으로 해주는 데도 꼭 맞는다. 나는 키가 작아서 바지를 사서 입어도 얼은잠방이 격인데, 아주머니께 가져가면 안성맞춤으로 줄여 준다.

이렇게 매일같이 부부가 밤늦게까지 일을 해서 그럭저럭 생활도 풍요로우리라고 생각했다. 그런데 그들은 살림살이가 넉넉지 않나 보다. 주인아저씨의 막내동생이 대학을 다니면서 사고가 있었다고 한다. 산행 중에 사고가 나 목숨은 건졌지만 하반신 불구의 몸이 되었다. 그래서 애면글면 돈을 모았지만 동생의 병원비 때문에 가난의 굴레를 벗지 못하고 타닥거리고 있다고 한다.

형제간에 사소한 어려움도 참지 못하고 험한 싸움을 하는 세상이다. 자신의 작디작은 욕망조차 성취되지 못했다고 극한적인 상황으로 치닫는 것이 요즈음의 세태이다. 이처럼 자기 실리에만 혈안이 되어서 사는 세상에 세탁소 부부들은 올망졸망한 살림살이지만 아픈 동생을 정성으로 보살피고 있다. 훈훈한 사랑의 입김으로 동네사람들의 마음까지 다림질을 해 주고 있다.

우리의 생활은 나날이 좋아지기를 기대하지만 험악해지고 견디기 어려울 만큼 경직되기도 한다. 거대한 기계문명 속에서 하루하루 긴장된 상태로 살아간다. 그러다보니 인정도 끼어들 틈이 없다.

물건을 살 때도 질퍽거리는 시장길에서 가격도 깎고, 덤으로 주고받는 마음도 있었다. 산나물을 사면서 이름 모르는 아주머니의 먼 고향 이야기도 듣고, 미역을 사면서 뭍으로 장사하러 나온 섬마을 아저씨의 꿈을 읽을 수가 있었다.

우리는 지금 백화점에서 화려하게 포장된 상품을 산다. 속보다는 겉에 정성을 기울인 상품에 손이 간다. 이때도 물건 값이 정해져 있어서 흥정할 필요가 없다보니 주고받는 말도 하나도 없다. 흙에서 정성스럽게 키운 것이 아닌 거대한 공장에서 속성으로 만들어진 제품을 사다가 먹는다.

한편으로 보면 우리의 생활방식이 과학적이고 편리해졌다는 생각이 드는데, 어째 정서적 교감은 부정적인 방향으로 흘러가고 있는 게 아닌가라는 생각을 떨어낼 수가 없다.

국제 경쟁력이니, FTA이니 하면서 상가들이 초현대식 시설을 하고, 동네 조그마한 상점들도 간판을 슈퍼마켓으로 바꾼 지 얼마 되지도 않는데 또 다시 하이퍼마켓, 편의점이니, 무슨 마트니 하면서 다시 바꾸고 있다. 조그만 구멍가게까지 고객관리를 컴퓨터로 한다고 야단들이다.

이러한 변화가 시대의 흐름이니 눈을 흘길 마음은 없다. 단지 마음 쓰이는 것이 있다면 생활방식이 바뀌면서 우리의 의식구조와 행동양식, 심지어 각 개인의 인격조차도 산업화, 획일화되는 기분이 든다. 우리 동네는 도시이지만 그래도 시의 끝에 있는 변두리였다. 해서 인심 또한 후박한 동네이고, 옆집에 숟가락 개수까지는 몰라도 서로 생일떡을 나눠 먹곤 했는데…….

동네 입구의 상가건물들이 휘황찬란한 간판을 내걸고, 매장을 사치스럽게 바꾸면서 흥청망청하는 소비생활만 늘리고, 마침내 동네 인심까지 소비해 버리는 것 같다.

갑자기 부유층 골목으로 변한 동네에서 외채에 까막거리면서 버티고 있는 세탁소의 문매가 자꾸 더 내려앉는 것처럼 보이는데, 제발 오래도록 손님이 많고 잘 되었으면 하는 마음이 간절하다.

디지털 시대의 글쓰기

처음 글을 쓰기 시작한 것이 원고지였다. 하얀 원고지 앞에서 한 칸 한 칸 글을 써 가다보면 어느덧 새벽달이 창가를 비출 때가 한두 번이 아니었다.

다음 날 원고를 다시 보면서 마음에 안 드는 부분은 빨간 색을 이용해 교정을 하는 것도 고통스러운 듯 하면서 매력이 있었다. 그러다가 다시 다른 색으로 교정을 하고 결국은 고치지 못해 거칠게 찢어내는 비통한 쾌감이 짜릿했다.

대학 때 선생님께 타 쓰는 원고지도 즐거움이 있었다. 원고지 하단에 대학명이 있고, 혹은 선생님의 이름이 새겨진 원고지는 나도 전문 문인이 된 것처럼 반가웠다. 연구실에서 조병화 선생님이 만년필로 원고지에 글을 쓰시는 모습을 보았다. 그 후로 나도 하얀 원고지에 만년필로 글을 쓰면서 묘한 잉크 냄새에 빠졌었다.

그런데 언제부턴지 책상 위에 원고지 대신 컴퓨터가 자리했다. 끝까지 원고지에 글을 쓰겠다고 고집을 부렸던 기억이 있는데 지금은 컴퓨터에 글을 쓰고 있다. 이제는 컴퓨터가 아니면 아무 것도 못한다.

컴퓨터로 글을 쓰게 된 것은 결국 시대의 흐름에 따라온 것이다. 내가 계속 원고지에 글을 쓰고 싶었지만, 시대가 허락하지 않았다. 잡지사에서 컴퓨터로 쓴 원고를 원했고, 원고를 받을 때도 우편보다 전자메일로 받기를 원했기 때문이다.

그러면서도 컴퓨터를 이용한 글쓰기는 내가 세상과 소통하기 위해 스스로 선택한 것이었다. 빠르게 변하는 세상에 한눈 팔다 보면 뒤떨어진 인생 취급을 받았다. 조그만 굼뜨면 변두리에 맴도는 낙오자의 등급으로 전락하는 냉혹한 현실이다. 그래서 세상의 중심에 가려고 선택한 나만의 방법으로 컴퓨터 글쓰기에 앞장섰다.

덕분에 나는 다른 사람보다 비교적 빠르게 홈페이지를 개설하고 카페까지 운영했다. 디지털 시대의 첨병은 아니더라도 적어도 뒤처지지는 않았다고 자부했다.

홈페이지와 카페를 운영하면서 글을 발표하는 기회가 비교적 쉬워졌다. 전에는 글을 발표하고 싶으면 원고를 보내고 한 달 두 달 기다리면 활자화 되었다. 이것도 운이 좋아서이지 아예 원고를 보내 놓고 못 만난 경우도 허다했다.

이제는 언제든지 가능해졌다. 작업이 완료되어 내가 오케이 사인을 하면 웹상에 바로 뜬다. 내 글을 읽은 독자의 수까지 정확히 계산이 된다.

인터넷 글쓰기로 새로운 경험도 했다. 내 글이 포털 사이트에 떠 있게 되었다. 아마도 글이 괜찮아서 포털 사이트에서 올려놓았나보다. 물론 나도 기분이 좋았다. 내 글이 전국적으로 독자를 만나니 흥분되기도 했다. 실제로 전국망을 탄 내 글을 보고, 기억이 가물가물한 중학교 친구까지 연락이 왔다. 오래전 졸업한 제자들도 댓글을 남기며 반가워했다.

그러나 좋은 일에는 마(魔)가 낀다고 한 것처럼, 이것도 잠시였다. 내 글에 훈훈한 느낌을 남겨주는 사람들도 많았지만, 반대로 온갖 욕설을 퍼붓는 사람들이 몰려들었다. 내가 교사라는 이유로 선생이라는 직업을 운운하면서 욕을 해대는 사람이 있었다. 일면식도 없는 사람이 이유도 없이 인신공격을 퍼부을 때도 있다. 직접 관련이 없는 신세타령을 하는 사람은 양반이었다. 정부정책을 비난하는 사람, 개인의 원한관계를 공개하는 사람, 뜬금없이 대통령이 정치를 못해서 이런 글을 쓴다고 인과관계가 전혀 없는 주장을 하는 경우도 있다.

악플은 유명 연예인에만 해당되는 것이라고 생각했는데, 나처럼 평범한 사람이 누리꾼의 과녁이 될 줄은 몰랐다. 한참 동안 멍했다. 내가 잘못이 없는데도 진짜 죄인처럼 느껴져 쥐구멍이라도 있으면 들어가고 싶었다.

인터넷 글쓰기의 수난은 여기서 끝나지 않았다. 특정 단체에서는 용어의 사용에 대해서 이의를 제기하기도 했다. 이에 대해 내가 댓글을 통해서 공적 언어 표현은 현재 널리 사용하고 있는 용어를 선택할 수밖에 없었으니 이해해 달라고 했지만, 그 단체는 조직적으로 집단 메일을 보내며 항의했다.

한동안 컴퓨터 앞에 앉지도 못했다. 심리적으로 체력적으로 벅찼다. 필요한 논쟁이면 밤을 밝히며 할 수도 있었지만, 그들은 논리로 말하지 않았다. 협박이고 폭력적이며, 애초에 논할 필요가 없는 일방적인 주장이었다.

그러면서도 인터넷 글쓰기를 중단할 수 없었다. 이것이 디지털 시대의 문화라면 피하고 싶지 않았다. 세상에 바람직하지 않은 삶의 모습이 있듯이 댓글쓰기도 그렇게 생각했다.

처음에는 충격에 잠기기도 했지만, 마음을 가다듬고 보니 오히려 인터넷 글쓰기는 진보하는 세상에 내가 만난 문화였다. 내가 어디서 그렇게 많은 사람들을 만날 수 있는가. 결국 나의 글을 많은 사람들이 읽었다는 의미다. 그들도 모두 나의 글을 읽은 독자다. 나의 글을 읽고 조심스럽게 충고를 남겨주고, 내가 놓쳐버린 오자(誤字) 하나도 찾아주니 오히려 고마운 분들이다.

디지털 시대의 글쓰기는 불특정 다수로부터 이유 없이 뭇매를 맞는 부작용도 있지만, 빠른 시간에 많은 독자를 만나는 이점도 있다. 원고가 인쇄되고 다시 책이 나오는 아날로그의 출판 환경과는 비교도 안 된다.

최근 사회적으로 이름이 있는 인사와 대학교수가 표절의 의심을 받고 쌓아 놓은 명성에 흠이 나고 날개가 꺾이기도 한다. 하지만 디지털 글쓰기는 발가벗고 광장으로 바로 나오는 격이니 표절의 시비를 안 받는다. 세상에 나오면서 검증을 받으니 표절은 애초부터 불가능하다.

오늘날 현대인은 가정을 떠나 사회에 살면서 공동체 생활에 적응을 못하고 괴로워하는 사람들이 많다. 현대인들은 한편으로는 개인적 삶을 찾아 나서지만, 이내 고독에 함몰된다. 나는 이러한 고독을 달래기 위해 글쓰기에 전념하는 습관을 키웠다. 마찬가지다. 현대인의 댓글 문화는 이러한 근원적 고독을 치유하기 위한 통로라고 여겨진다.

삭막한 세상에 인터넷이라도 없었다면 어떻게 이 긴 밤을 보낼 수 있단 말인가. 지쳐버리고 힘든 일상에서 인터넷으로 만나는 현대인들. 보이지는 않지만 자판을 두드리면서 담백한 댓글로 따뜻한 마음까지 전하는 문화를 만들면 어떨까.

본성을 지키는 삶이 필요하다

개교기념일이라 출근을 하지 않았다. 사실 휴일이야 매주 만나는 것이지만, 오늘 휴일은 좀 색다른 맛이 있다. 오늘 휴일은 나만이 즐기는 것이다. 일요일은 한 주만 지나면 다람쥐 쳇바퀴 돌듯 돌아오는 것이기에 신선함이 없다. 일요일은 쉬면 쉬는 대로, 외출을 하면 외출을 하는 대로 스트레스를 준다. 그러나 오늘 휴일은 나 혼자 누리는 즐거움이 있다. 그래서 경품에 당첨된 기분도 들고, 보너스처럼 느껴진다.

며칠 전부터 아내도 이 날을 기다린 탓에, 출발 준비도 짧았다. 아내는 가을 단풍보다 더 고운 치마도 입었다. 평일 이른 시간에도 영화관은 북적거리고 있다. 매표를 위해 창구를 두리번거리니 카드를 내면 할인 혜택을 받는다는 문구가 보인다. 해서 지갑 속에 있던 카드를 당당하게 내밀었다. 그랬더니 안내하는 아가씨가 혜택을 못 본다는 것이다. 카드 회사에서 고객들을 상대로 새로운 카드를 만들어 발송했는데, 나는 사용실적이 미비해서 재발급 대상에서 제외 당했을 것이란다.

순간 나는 기분이 상했다. 경제적 손실을 보았다는 느낌보다는 소외감이 밀려왔다. 언제는 같은 식구라고 끌어당기더니 나도 모르는 사이에 내쳐버렸다는 배신감이 밀려왔다. 그리고 카드회사가 내 사생활까지 꼬박꼬박 챙기고 있었다는 사실에 두려움을 느꼈다. 나도 모르는 사이에 나란 위인은 그 카드회사에서 별 볼일 없는 사람으로 분류되어 폐기처분 되었나보다. 나의 어떠한 면도 평가되지 않고, 자기네들의 기준에 벗어났으니 간단히 삭제했을 것이다. 간혹 연회비가 비싼 카드는 혜택을 많이 주고, 그렇지 않은 카드는 냉대하는 차별은 그럭저럭 참을만했는데, 이번 차별은 나를 더욱 슬프게 했다.

이 생각 저 생각을 휘저으며 영화관에 앉았다. 아내와 나란히 앉아 영화를 보는 것이 참으로 오랜만이라는 생각이 다가왔다. 그런데 영화가 시작하기 전부터 눈에 거슬리는 것이 있다. 옆에 젊은 남녀가 앉았는데, 조금 소란스럽다. 둘 다 손에 먹을 것을 잔뜩 들고 있는데, 서로 입에 넣어주며 정다움을 뽐낸다. 그러더니 조금 있다가는 남자놈의 손이 자꾸만 아가씨의 허벅지로 가는 것이다. 그렇지 않아도 아가씨의 치마가 짧아서 몸 둘 바를 모르고 있는데, 남자의 손이 한 번씩 지나가면서 더욱 아슬아슬하게 하고 있다. 이것만이 아니다. 아내 옆에 앉은 젊은이들도 심상치 않다. 의자 사이에 있는 가운데 팔걸이를 뒤로 하고, 서로 몸을 가까이하고 앉았는데, 보기에 민망하다. 앞에 앉은 젊은이는 핸드폰이 벌써 세 번이나 울렸다. 저 멀리 뒤에서 볼멘소리가 들리는 것으로 볼 때, 한 번만 더 울리면 영화관에서 싸움이라도 날 것 같다. 영화를 보면서 아무 죄도 없는 내가 내내 식은땀을 흘렸다.

다행히 영화 상영 중 큰 사고는 없었다. 영화관에서 긴장의 줄타기를 한 탓에 갈증이 타 올랐다. 시원한 냉면 생각이 간절했다. 냉면집은 사람들이 많았다. 영화관에서 본 듯한 젊은이들도 있었다. 그 많은 사람들에 비하면 음식이 제법 빨리 나왔다. 그런데 김치가 없었다. 몇 번 불러서 겨우 아가씨가 시적거리며 왔는데, 원래 김치가 없는 것이라며 차갑게 돌아간다. 둘러보니 모두가 반찬거리도 없이 젓가락질을 하는 것이 보였다.

냉면 집에서 점잖게 김치 한 번 달랬다가 젊은 아가씨에게 벼락을 맞았다. 매몰차기가 얼음 같다. 음식점 주인에게 불퉁스럽게 돌아간 아가씨가 진망궂다고 탓잡아 보려고 했지만, 이것도 게 등에 소금치기였다. 주인은 음식 값을 챙긴 뒤에 들어오는 손님을 위해 빨리 길을 비켜주었으면 하는 눈치만 준다.

모처럼 나만의 휴일을 즐기기 위해 나섰지만, 기분은 엉망이었다. 냉면도 겨우 한 젓가락뿐이 안 되는데, 값은 동네보다 비쌌다. 워낙 오랜만에 영화관에 간 탓인지 모든 게 낯선 풍경이다. 거리를 헤매는 젊은 연인들은 오직 자기네들끼리만 좋아서 이야기할 줄 알지 남과 더불어 사는 문화는 아랑곳하지 않는다. 거대한 백화점 속의 화려한 음식점도 돈을 벌겠다는 의지만 보일 뿐이지 손님에게 정성스럽게 상품을 팔겠다는 소박한 생각은 없다.

오늘 간 영화관은 대형 백화점 안에 있는 것으로, 대기업에서 운영하는 곳이다. 시설도 고급이다. 백화점도 화려하기 그지없다. 상품도 모두 고가를 자랑하고 있다.

전철역에 현대식 백화점이 들어선 것처럼, 흐르는 시간과 세월이 우리에게 새로운 변화를 가져다준다. 따라서 우리의 삶의 모습이 변하는 것은 자연스러운 것이다. 하지만 우리의 삶의 모습이 화려하고 세련되어 가는 것에 비해 생활의 내용도 그렇게 변하고 있는지 되돌아 봐야 할 때이다.

사람이 아름다운 것은 사람다움에 있다. 사람다움이란 무엇인가. 그것은 본성을 지키는 것이다. 낡은 것을 벗고, 새로운 것을 추구할지라도, 우리가 본래부터 가지고 있는 미덕을 지키고 겸양을 보여야 한다. 흔히 우리는 사회적인 존재라고 하는데, 사회적인 존재로서의 지켜야 할 덕목이 있다. 개인이 행복하게 살기 위해서는 사회의 질서에 주체가 되어야 한다.

 요즘 너나 할 것 없이 화려한 옷차림과 외모에 신경을 쓰고 있다. 멋부린 흔적이 많아 보기에도 좋다. 그와 더불어 남을 향한 마음도 치장하는 사람이 많았으면 하는 바람이다. 엄청난 돈을 들여 지은 백화점이나, 편리하게 꾸민 영화관도 결국 우리가 더불어 있는 존재에게 배려하는 마음을 분사하지 않으면 모두가 불편하고 삭막한 공간이 된다.

여전히 산(山)에 있는 산(山)

나는 산을 좋아한다. 『논어』에 '지자요수(知者樂水), 인자요산(仁者樂山)'이라는 말도 있지만, 나는 인자(仁者)가 아니면서도 산을 좋아한다.

산을 본다. 멀리서 산을 보면, 밑으로 주욱 내려오는 듯 하더니 어느 순간에 멎은 듯 다시 올라가는 능선이 일품이다. 특히 아래로 여유롭게 내려간 능선은 굴곡진 세상 사람들의 못된 마음과 달라서 더욱 좋다.

산의 형세를 보고 있자면, 서로 맞닿은 모습이 기막히게 어울려 있음을 느낀다. 주위 지면에 비해 높게 돌출한 만큼 꼭 그만큼의 계곡을 만들어 주는 너그러움을 볼 수 있다. 널찍한 바위들에게도 적당히 앉을 자리도 마련해 주고 있다. 여기저기 둔덕도 만들어 놓고 있어서, 어느 속인(俗人)이 와서 거닐더라도 신선(神仙)의 풍모를 자아내기에 충분하다.

산은 종교다. 일요일이면 새벽에 일어나 산을 다녀온다. 새벽보다 먼저 깨는 산의 부지런함이 나를 부른다. 산은 하늘과 가까이 있고, 품이 넉넉해서 세상을 보는데 제격이다. 산에서 위안을 얻고, 안정을 찾는다. 가끔 일상이 어깨를 짓누를 때 산에 가면 무거운 일상을 내려놓고 올 수 있다. 삶이 헝클어지고 있을 때도 마찬가지다. 산의 정상까지 올라서 내려오면, 헝클어진 삶은 어느새 산등성이에서 길게 하품을 하고 있다.

산에 가면 경건해진다. 우뚝 솟아 인간 세상을 굽어보는 산의 모습을 보면 경배하지 않을 수 없다. 이 산에 누가 이토록 무성한 자연을 남겼나. 나무를 성장케 하고 돌을 앉히고 생명의 신비로움을 남겼다.

산은 어떻게 보면 화려함을 뽐내는 구석이 있다. 그러나 그것은 자만이 아니다. 오직 산을 찾는 이들에게 반가움을 표현하는 것이고, 찾아오는 사람들을 위해 산이 만든 겸손이다.

산의 늠름한 모습은 언제 보아도 눈이 부시고 잔잔한 감동을 준다. 산은 어느 하나도 버리지 않고 우리를 맞이한다. 산에 가면 숲이 향기를 토한다. 산 속의 고요함을 타고 떠다니는 숲의 향기는 세상을 맑게 하고, 나를 맑게 한다.

산의 숲은 평화다. 숲을 이루는 나무들은 저마다 우뚝 서서 장엄한 세월을 자랑하면서도 적대 관계나 갈등이 없다. 서로 적당한 거리감을 유지하면서 상대방과 함께 있다.

산 속의 숲은 평등을 가르친다. 흔히 산이 적막하다고 하는데, 숲이 적막한 것이다. 숲은 군락을 이루고 있으면서도 서로 떨어져 있어 외로움과 슬픔으로 적막한 것이다.

깊은 산 속에 앉아 있으면, 산(山)은 산(産)이라는 느낌을 받는다. 즉, 산은 만물이 소생하는 태반(胎盤)이다. 숲을 이루는 나무 하나하나를 산이 낳은 것이다. 제철이 오면 어김없이 싹을 틔우고, 아름다운 가슴을 내미는 들꽃들도 산이 산고(産苦) 끝에 탄생시킨 생명체들이다. 바다를 이루는 물도 그 근원을 찾아 올라가면 결국 높은 산이 낳은 것이다.

산은 거대한 자태가 있다. 이것이 움직이지 않는 확고함과 오랜 세월에 모진 풍랑을 견디면서도 변하지 않는 진실성의 느낌을 준다. 산은 예부터 충절의 터로 여겨졌던 것이다. 백이·숙제도 산 속에서 굶어 죽으면서 절개를 지켰고, 소부(巢父)와 허유(許由)도 풍진 속세를 피해서 산서곡음(山捿谷飮)을 했다. 사대부가 때를 만나지 못하면 갈 곳은 산림뿐이라고 한 것처럼, 산은 변절을 거부하던 선비들의 은신처였다.

우리 민족에게 산의 의미는 영검한 곳이기도 하다. 창조(創祖) 단군이 하늘에서 내려와 처음 발을 디딘 곳도 산이다. 오늘날까지도 산신령을 찾아 제를 올리는가 하면 산정(山頂)에서 기우제를 지내는데, 이는 겨레가 모두 산을 신성시했기 때문이다. 사람이 육체적 삶을 다하면 후손들이 운명의 슬픔을 산속에 묻는 것도 우리 민족에게 산이 주는 정서가 남다르기 때문이다.

산은 높은 곳에 있어도 위압적이지 않다. 세상을 유순하게 하게 하는 힘을 가지고 있다. 산은 그 넉넉한 품으로 우리들을 무릎 아래 두고 보살핀다. 세파에 힘겹게 사는 사람들을 굽어보기도 하고, 가난한 사람들은 직접 보듬고 살기도 한다.

큰 산은 해양의 영향을 막아서 그 반대쪽에 건조 기후지역을 나타내게 하여 인류 생활에 큰 이득을 제공하고 있다. 우리가 사는 곳도 자세히 보면 산등성이가 감돌아 나간 곳은 어디나 그 아래 기름진 땅과 넓은 들이 형성되어 있어서 사람들이 살 만하다. 이중환의 『택리지』에도 '대저 산수는 정신을 즐겁게 하고 감정을 화창하게 하는 것으로, 살고 있는 곳에 산수가 없으면 사람이 촌스러워진다'고 말하고 있다. 해서 '십리 밖, 혹은 반나절 길쯤 되는 거리에 경치가 아름다운 산수가 있어 매양 생각이 날 때마다 그 곳에 시름을 품고, 혹은 유숙한 다음 돌아올 수 있는 곳을 장만해 둔다면 이것은 자손 대대로 이뤄나갈 만한 방법이다' 라고 했다.

그런데 우리는 요즘 편리를 앞세워 산을 무너뜨리고 있다. 산허리를 뚝 잘라서 길을 내고, 심지어는 골프장, 스키장을 만들어 유희의 공간을 확보하기도 한다. 우리 동네에도 제법 큰 산이 있는데, 이곳도 사람들이 많이 찾는다는 이유 하나로 산 중턱을 깎아내고 주차장을 마련했다. 행정 당국은 시민 편의를 위해 만든 것이라며 플래카드까지 걸어놓고 홍보하고 있는데, 과연 잘한 짓이라고 칭찬해 줄 일인지 궁금하다.

산에 나무를 뽑아내고 산 중턱에 주차장을 건립하면서, 산 주위는 다시 온갖 음식점이 문을 열고 있다. 산을 파헤치고 우리가 얻은 것은 편리한 길과 위락시설뿐이다. 눈앞의 편리만 내세워 여기저기 산줄기를 파내면서 우리는 많은 것을 잃었다. 철 따라 산에서 놀던 새를 잃었고, 수관을 뽐내며 우리를 반기던 숲을 잃었다. 세월조차도 비켜간 산등성이와 거목들. 우리들에게 묵묵히 넉넉한 마음을 다스려주던 산바람 소리도 이제는 볼 수도 들을 수도 없다.

산은 신이 인간에게 베풀어 놓은 마지막 걸작이다. 오늘날 인류는 산에 오르는 것도 모자라서 이제 산에 가까이 가려 한다. 하지만 산(山)은 산(山)에 있어야 한다. 우리는 이제 산을 비롯한 자연 앞에서 겸허해질 때가 왔다는 생각이 든다.

삶의 들녘에서

어느 순간부터 지나온 삶을 돌이켜보고, 미래의 모습을 다듬어보고 싶었다. 어느 순간이랄 것도 없다. 머리가 희끗희끗해지고, 젊은 사람들이 부러워지고부터이다. 제법 나이를 먹고 남보다 많은 세월을 흘러왔다는 생각을 하니, 갑자기 새로운 인생 설계를 해야 한다는 압박이 밀려왔다. 뭐랄까. 인생의 정상을 밟지는 않았지만, 이제 정상에서 내려가는 느낌을 가졌다고나 할까.

전에는 머리가 희고 풍기는 인상이 어른스러우면 경외감이 들었다. 그런데 막상 내가 그 위치에 다다르니 뭔가 불안한 느낌이다. 입 밖에 꺼내기는 두려운 면도 있지만, 운이 좋아 지금까지 건강하게 살았다는 생각도 든다. 어느 날 갑자기 불행의 태풍이라도 오면 여기에서 무릎을 꿇어야 한다. 따라서 앞으로는 조심스럽게 아주 신중하게 삶을 꾸려나가고 싶다는 의지가 불뚝불뚝 일어선다.

그동안 나이를 먹었다는 생각을 애써 하지 않았다. 마음을 앞세워 젊은 축에 드는 것처럼 행동하며 살았다. 정상을 향해서 달리기 바빴고, 주위를 돌아볼 겨를도 없었다. 삶의 즐거움만 찾아다니고, 앞만 보고 달려왔다.

돌이켜보니 지금까지 너무 외향에 치중하며 걸어왔다. 남이 어떻게 볼까. 남보다 멋있게 걸어야 한다는 중압감이 나를 눌렀다. 이제는 내 안의 뜨거움을 느끼며 생활을 해야겠다. 삶의 치열함 속에 내 몸 하나 간추리지 못하고 지내다 보면 후회의 잡초만 무성해진다. 음미되지 않은 인생의 노를 젓다가 어디로 흘러갈지 모르게 된다.

나는 사범대학을 졸업하면서 선생이 되고, 지금까지 아이들과 생활하고 있다. 아이들과 함께 생각하고, 그들의 미래에 도움을 준다는 것이 늘 조심스러우면서도 자랑스러웠다. 막 어른이 되어가는 아이들의 고민을 듣고 방황을 지켜보았다. 그들의 삶에 도움을 주는 것은 일이 아니라 즐거움이었다. 또 어쩌다 문학에 눈을 떠 글을 쓰면서 스스로 내 마음도 풍요롭게 생활했다. 누구보다도 행복했다.

그런데 세상은 내 마음대로 사는 것이 아닌가보다. 주변에서는 내가 선생을 하는 것보다 교감, 교장은 언제 하냐고 궁금해 한다. 나는 선생이 되고 싶어, 선생을 열심히 하고 있는데 알아주는 이웃이 없다. 선생을 얼마나 열심히 하는지 평가하는 사람도 없고, 오직 내 나이에 얽매여 승진 시기를 묻고 있다.

인생이 허무하게 다가온다. 열심히 땀을 흘리며 올라왔는데, 땀을 흘린 것은 보지 않고 더 올라가야 할 것이 있다며 다그치고 있다. 나의 모습보다는 다른 사람들과 비교해서 꽃대가 작다고 폄하하고 있다.

어쩌다가 큰 물줄기를 따라가지 못하고, 잘못 흘러 곁길로 왔다. 아니 내 자신을 합리화하는 것 같지만 나는 큰 물줄기를 따라가지 않고, 의도적으로 여기에 왔다. 그곳이 시끄럽지 않았고, 가슴을 적시는 풍경이 있었다.

핑계 같지만 나는 이제 지쳤다. 힘이 다해서 지친 것이 아니라, 내 의지와 상관없이 줄을 서고 경쟁의 꼬리에 서는 것에 지쳤다. 능력도 없는데 바동거리는 일도 할 짓이 아니다.

  인생이란 간단명료하게 설명하기 어렵다. 삶이란 개인 모두가 다르고, 규정할 수 없는 그 무엇이 있기 때문이다. 따라서 여기서 내가 섣불리 인생을 이야기하거나 삶의 모습을 제시하는 것은 아주 어리석은 짓이다.

  경쟁보다는 새로운 삶의 모습에서 보람을 찾고 싶다. 좀 여유를 갖고, 무거운 것은 버리면서 걸어가고 싶다. 그런 의미에서 넓은 땅에서 소박하게 살고 싶다는 인생론을 펼쳐본다. 바람에 흔들리지만, 바람보다 먼저 일어나고 햇살이 뜨거우면 뜨거울수록 전신을 태우는 삶을 살고 싶다. 내 삶의 특정한 것만 개량화하는 삶보다, 삶의 자질구레한 것들조차 퇴적물로 쌓이는 들녘에서 살고 싶다.

  나는 이 인생론을 쓰면서 '삶의 유역에서' 라는 제목 앞에서 한참 고민을 했다. 인생은 지속적인 시간의 흐름이 함께 한다는 점에서 '유역에서' 라는 표현이 적절한 듯했다. 그러나 '유역'은 흘러간다는 느낌이 짙다. 흘러간다는 것은 목적지에 주체적으로 가는 것보다 휩쓸려 가는 기분이 든다. 그리고 그 여행은 반드시 종착역에 다다라야 한다는 중압감이 밀려온다. 반면 '들녘'은 삶의 치열함이 그대로 드러난다. 오히려 넓은 벌판에서 홀로 바람을 이겨야 하는 시련이 있어 좋다. 햇살에 뜨겁게 달궈지는 가을 열매처럼 성숙한 삶을 익게 하는 매력이 있어 좋다.

  나는 들에 핀 꽃처럼 살고 싶다. 이름도 모르고 주목도 받지 않더라도 가을 햇살이 따가우면 열매를 맺고, 계절의 섭리에 몸을 맡기고 싶다. 삶의 울타리에서 화려한 꽃들과 경쟁하기보다는 저만치 혼자서 나만의 줄기와 뿌리로 뻗어 열매를 맺는 소박한 꽃이 되고 싶다.

그동안은 아름다운 삶을 찾는다고 했지만, 결국은 거짓과 허위가 난무하는 세상에 살아남기 위한 발버둥이었다. 들녘에는 햇빛은 햇빛대로, 달빛은 달빛대로 굴절됨이 없이 온몸으로 맞을 수 있는 정직함이 있다. 모두가 자기 몸을 드러내놓고 진실된 삶을 영위할 수 있다는 매력이 있다.

나는 들녘에서 한가로이 서 있고 싶다. 들녘에 피어나는 꽃은 그 자체의 아름다움보다 자신이 서 있는 주위와 잘 어울리게 피어난다. 사람의 아름다움도 이와 같은 이치를 지니고 있다. 우리 주변에 똑똑한 사람은 많아도 주변을 빛내주는 사람은 드물다. 나는 들꽃이 지니는 수수하고 겸허한 자태를 닮고자 한다.

부끄러운 고백이지만 나도 모르게 다른 사람들을 학대하는 경우도 많았다. 조그만 일에 눈을 흘기고 오히려 내 가슴에 상처를 입었다. 이제 나를 위해서 웃고 우는 그리고 기쁨으로 충만한 마음의 눈을 떠야겠다. 들녘에서 제 몸의 마지막 결실인 씨를 흩날리는 꽃처럼, 물욕을 벗을 수 있는 이름 없는 꽃이 되고 싶다. 들녘에서 햇빛에 맑아지고 자유롭게 오가는 바람의 친구가 되고 싶다.

2
행복한 바보

· 행 · 복 · 한 · 바 · 보 · 의 ·
· 지 · 혜 · 로 · 운 · 삶 ·

서글픈 돌잔치 풍경을 보면서

돌잔치에 갔다. 예상대로 인산인해를 이루고 있다. 주차할 곳도 없이 만원이다. 어렵사리 주차를 하고 올라가니, 실내도 발 디딜 틈이 없다. 북적거리는 틈을 비집고 들어가서 한복으로 곱게 차려입은 아기의 엄마와 아빠에게 인사를 하는 둥 마는 둥 하고 접시를 들고 음식 앞으로 갔다. 몇 년 전부터 이런 곳에 다녀본 결과, 이렇게 해야 밥이라도 얻어먹는 것을 알았다. 해서 체면 차릴 것도 없이 동작을 빨리 해서 생면부지의 사람과 얼굴을 맞대고 자리를 잡았다.

조금 있다가 장내가 시끄러워졌다. 요란하게 팡파르가 울리더니 아기의 돌잔치를 시작한다고 한다. 마이크를 들고 음악을 틀면서 하는 요즘 돌잔치를 몇 번 보아 그러려니 했다. 그런데 나이 어린 사회자란 놈이 마이크로 찢어지는 소리를 연거푸 해댄다. 하객들이 모두 정숙한 가운데, 자기를 집중해야 식을 시작한다는 것이다. 장내는 하객들이 계속 음식을 가지러 들락거리고, 손님들이 옆집과 뒤엉켜 있어 좀처럼 분위기가 잡히질 않는데 억지를 부린다. 귓구멍을 찢는 마이크 소리에 놀랐는지, 이런 행사에 익숙해서인지 장내가 조용해졌다.

본격적인 식이 진행되었다. 색색 풍선으로 장식된 무대 위에서 사회자의 지시대로 엄마, 아빠가 율동을 곁들이며 축가를 불렀다. 케이크 컷팅을 했고, 샴페인이 터졌다. 이어서 사회자가 아기 부모에게 러브샷, 포옹샷을 시켰다. 돌잔치가 결혼식 피로연 분위기다. 그러더니 이번에는 아기 엄마가 자기를 키워준 엄마에게 상장을 주는 시간이란다. 아기 엄마가 친정엄마에게 자기를 잘 키워줘 고맙다며 상장을 낭독하고 급기야 울먹거리기까지 한다.

모든 광경이 익숙지 않았지만, 신세대 부모들은 이렇게 하나 보다며 이해를 앞세웠다. 그러나 이 생각도 잠시 나는 갑자기 마음 한구석이 뒤틀리기 시작했다. 돌잔치 상 위에 청진기가 올라와 있다. 돌잡히기 행사를 하는데, 욕심 많게 생긴 엄마는 아기가 그것을 잡도록 유인하고 있다. 사회자란 놈은 아예 되지도 않는 소리로 의사선생님 할아버지 할머니 운운하더니 외할아버지 외할머니도 의사 외손녀가 돌을 맞은 것을 반기고 있다고 중계방송을 한다.

돌상을 차려놓고 돌잡히기를 하는 풍속은 우리의 오랜 전통이다. 남자아이와 여자 아이가 조금 다르기는 하지만, 이 날은 돌상 아래 쌀, 돈, 책, 붓 등을 놓는다. 아이는 이 물건을 집는데, 첫 번째와 두 번째에 집는 것으로써 그 아이의 성격, 수명, 장래성을 점쳐본다.

옛날에는 질병이 많고 유아의 사망률도 높았기 때문에 아기가 돌을 맞는다는 것은 성장의 초기과정에서 한 고비를 넘겼다는 의미를 지니고 있다. 부모의 기대도 아이의 목에 실을 걸어주고 무병장수를 비는 것이 전부였다. 욕심이라야 기껏 책과 붓을 올려놓고 공부를 잘하는 것이었다. 사람들은 그것이 사람됨의 첫

걸음이라고 생각했다. 따라서 이 날 축하하는 관습은 부모인 당사자들에게나 또 이를 지켜보는 이웃들에게도 모두 풍요롭고 넉넉했다.

하지만 오늘 보는 돌잔치는 넉넉하기는커녕 서글프게 느껴진다. 먼저 오늘 돌잔치는 뷔페식당에서 획일적으로 하는 상행위처럼 보인다. 정성은 하나도 안 보이는 의례적 행사이다. 주최하는 부모도 돈을 꽤 많이 들였지만, 초대받은 손님들도 제법 큰 돈 내고 저녁 먹는 것 외에는 아무 의미가 없다.

시대가 변하면 먹고 입고 자는 것, 생각하는 것까지 모두 변하는 것이니, 돌상에 올라가는 생활 도구가 변하는 것은 당연하다. 그렇지만 오늘 청진기를 올려놓고 아기가 그것을 잡기를 바라는 것은 아무리 곱게 보려고 해도 곱게 보아지지 않는다. 물론 아기가 커서 의사가 되기를 바라는 부모의 바람이 잘못되었다고 할 수는 없다. 문제는 아기 부모는 훌륭한 의사보다 돈 잘 버는 직업인을 바라고 있는 것이다. 부모는 오직 의사라는 직업과 그 직업이 가져오는 경제적 가치에 관심이 더 많다. 이것이야말로 속물근성이 발현한 것이고, 천민자본주의 표본이라는 생각이 든다.

내가 듣기에는 아이의 부모들은 제법 많이 배웠다고 했다. 그러나 제대로 배우지는 않은 것 같다. 예상해 보건대, 엄마의 욕심 때문에 오늘 주인공인 아이도 많이 배울 것이다. 유치원에서부터 영어를 배우고, 학교 수업에 고액과외는 당연할 것이다. 그러나 그 아이 또한 많이 배우는 것에 비해 제대로 배우는 것이 없을 것이다.

우리가 정말 배워야 할 것은 내가 무엇이 되고자 하는 것이 아니다. 내가 그들과 더불어 어떻게 살아갈 것인가? 그들에게 감동을 받고, 그들에게 어떻게 감동을 주면서 살아갈 것인가를 배워야 한다.

꿈을 가지는 것도 마찬가지다. 우리가 가져야할 것은 나를 아름답게 적시는 꿈이다. 그 꿈은 오직 나의 뜨거운 영혼으로 빚어져야 한다. 요즘 부모들은 아이가 꿈꾸는 통로조차 손잡고 함께 가려고 하는데, 아이의 꿈은 부모의 맹목적인 숭배로 강요당해서는 안 된다. 아이들의 꿈과 희망은 마음속에서 스스로 싹을 틔우고, 열매를 맺는 것도 스스로의 열정으로 이루어져야 한다.

어릴 때부터 아이를 닦달하면 의사는 될 수도 있다. 하지만 아이는 가슴이 차가운 의사 이상은 되지 않을 것이 분명하다. 거듭 이야기하지만, 인간은 무엇이 되기 위해서 사는 것이 아니라, 어떻게 사느냐가 더 중요한 문제다. 돈을 많이 버는 의사가 되기 전에 왜 의사가 되어야 하는지를 먼저 가르쳐야 한다.

그러기 위해서는 곁에서 묵묵히 봐주는 사랑이 필요하다. 아이가 홀로 설 수 있도록 도와주고, 혼자 무럭무럭 커가게 하는 사랑이 필요하다. 담장 밑에 작은 씨앗이 토담을 덩굴로 장식하듯 아이에게 한없는 사랑을 적신다면, 먼 훗날 이 사회를 사랑으로 적시는 따뜻한 사람이 될 것이다. 아이를 정말로 사랑한다면 한없이 행복하게 지켜봐주는 사랑을 실천하는 것이 필요하다.

다시 아랫목이 그립다

창밖은 찬바람이 기승을 부리고 있다. 사람들이 옷깃을 세우고, 거기다가 얼굴을 파묻고 종종걸음을 재촉하고 있다. 길거리에 어둠이 잔뜩 들어차면서 날씨는 더욱 추워졌다. 텔레비전 마감뉴스 끝에 아나운서가 내일 날씨는 수은주가 땅속으로 더 곤두박질친다고 겁을 주고 있다. 밖을 봐도 추위가 여기저기 쑤시고 다니는 것 같다.

날씨가 추워진다는 일기예보에 아이들 방에 이불을 덮어주러 갔다. 하지만 아이들은 자꾸 이불을 발로 차낸다. 밖은 추워도 방 안은 따뜻하기 때문일 것이다. 아파트다보니 웬만한 동장군이 와도 추위를 느낄 수가 없다.

주말이라고 일찍 퇴근해서 텔레비전 앞에 누웠다. 깜박 낮잠에 빠졌다 일어난 뒤로 잠을 못 이루고 있다. 나는 얇은 잠옷 차림으로 괜스레 왔다 갔다 하면서 텅 빈 시간에 흘러 다니고 있다. 베란다에서 내려다보니 밖에는 늦은 귀가를 서두르는 자동차 불빛이 어둠을 후벼 파며 저마다 안식을 찾아 들어오고 있다.

거실에서 침묵을 밟으며 서성거리다가 배도 출출하고 해서 습관대로 냉장고를 열었다. 아내가 만들어 놓은 호박범벅이 있었다. 전자레인지에 데워서 몇 숟갈 뜨고 나니 갑자기 어린 날 겨울이 나의 사색의 텃밭에 여울진다.

　어릴 때 내가 살던 집은 모두가 추웠다. 운명처럼 붙어다닌 가난 때문에 우리 집은 늘 서울의 끝 산동네에 있었다. 산동네 겨울밤은 땅거미도 드리우지 않고 찾아왔다. 이때부터 울도 담도 없는 집에 차가운 바람살이 벽으로 스며들었다. 창문 틈으로 황소 같은 바람이 들어오기도 하고, 바람에 문풍지 떨리는 소리가 굉음처럼 들리기도 했다. 웃풍이라는 것도 무서운 것이었다. 아무리 연탄불을 피워도 방 안은 이 웃풍이 휩쓸고 다녔기 때문에 썰렁했다. 이불 속에 누워 있으면 몸은 따뜻했지만, 웃풍 때문에 코는 얼어붙었다. 방 구석구석까지 한기가 꿈틀거리고 창밖은 하염없이 흰 눈을 뿌릴 때, 우리를 지켜주던 곳이 한 군데 있었다. 그것이 아랫목이었다. 아랫목은 어느 집이나 방에 들어서면 쉽게 눈에 띈다. 집의 구조로도 금방 찾을 수 있지만, 아랫목은 구들장 색깔로 찾는다. 아랫목은 오랫동안 달궈진 흔적이 있다. 거무스름하게 타들어간 자리가 아랫목이다.

　불목이라고도 하는 이 아랫목은 언 몸을 따뜻하게 녹이는 곳이다. 밖에서 뛰어놀다가 방에 들어오면 황급히 꽁꽁 언 손과 차가운 발을 아랫목에 넣었다. 아랫목에는 늘 요가 가지런히 깔려 있었기 때문에 그곳에 손과 발을 녹이면 가슴까지 따뜻해져 왔다.

　아랫목은 몸을 녹이는 휴식처이면서 동생들과 공부하는 곳이기도 했다. 깔아놓은 요 속으로 다리를 뻗고 엎드려서, 흐린 연필에 침을 발라가면서 공부를 하던 곳이 아랫목이었다. 윗목에 앉은뱅이책상이 있었지만, 그곳에 앉아서 책을 본다는 것은 한데서 책을 보는 것과 같았다. 그래서 우리는 숙제를 할 때도, 만화를 볼 때도 아랫목에 발을 뻗고 요를 등에 뒤집어쓰고 머리만 내놓고 했다.

  몸이 아플 때 아랫목은 나를 더욱 뜨겁게 했다. 철이 갓 들었을 때로 기억된다. 첫눈에 이끌려서 친구들과 눈싸움을 하다가 신열을 몹시 앓았던 적이 있다. 그때 요이불이 젖도록 아랫목에 누워서 어머니의 정성어린 병간호를 받았던 기억은 지금 생각해도 내 등을 뜨겁게 훑고 지나간다.

  이런 아랫목도 늘 우리가 차지할 수 있는 것은 아니었다. 밤에 아버지께서 귀가하시면 줄곧 아버지의 자리였다. 직접 말씀은 없으셨지만, 그곳이 아버지의 자리라는 것을 어머니께서 눈짓으로 가르쳐 주셨다. 또 손님이 오시면 이 아랫목은 손님들의 차지였다. 윗목이 발이 시리도록 추워도 춥다는 기색도 하지 않고 우리는 윗목에 앉아있었다. 아랫목을 손님에게 내놓은 것은 인정을 심는 데 더 애쓰면서 살아온 부모님들의 슬기였다. 가난한 시절에 손님이 찾아와도 마땅히 대접할 음식이 없는 대신 뜨겁게 달궈진 아랫목으로 손님 접대를 했던 것이다.

  지금 생각해 보면 어머니께서는 아랫목에 앉으신 기억이 나질 않는다. 툇창 쪽으로 앉아서 수시로 부엌일을 보러 나가셨다. 찬물에 일을 마무리하고 들어와서도 아랫목에 손을 녹이질 않으셨다. 늘 앉았던 그 자리에 기도의 자세로 앉아서 또 무엇인가 하시던 모습이 눈에 선하다.

  아랫목은 뜨거운 밥통 구실도 했다. 어머니께서는 아버지께서 늦게 귀가하는 날에도 밥솥에서 제일 먼저 아버지 진지를 뜨셨다. 이때도 어머니께서는 보리쌀이 조금 떠지도록 조심스럽게 주걱질을 하셨다. 그리고 그 밥그릇을 옷자락으로 여러 겹 싸고 아랫목에 이불을 푹 뒤집어 씌우셨다. 이때부터는 아랫목에 발을 넣는 것도 조심스러웠다. 밥이 엎어지지 않도록 세심한 주의를 기울여야 하고 온기가 유지되도록 이불을 들썩거려서도 안 된다. 그래야만 밤늦게 돌아오시는 아버지께 김이 모락모락 나는 진지를 드시게 할 수 있었기 때문이다. 지금은 전기밥통, 전자레인지 등이 있어서 언제든지 더운밥을 먹을 수 있지만, 그 옛날에는 이런 편리한 기계가 없었다. 오직 아랫목에 묻어둔 밥이 더운밥이었다.

새 내의를 갈아입을 때도 어머니께서는 새벽녘에 아랫목에 넣어서 옷을 따뜻하게 해주셨던 기억이 난다. 밤 내내 잠을 설치면서 아궁이 불구멍을 조절해서 아랫목을 따뜻하게 해주면서 우리의 잠자리를 지켜주시던 어머니……. 아랫목은 어머니의 사랑이었다. 어머니께서도 간혹 요 밑으로 손을 넣곤 했는데, 그것은 손을 녹이려고 했던 것이 아니라 아랫목의 온기를 점검하시곤 했던 것이다.

지금 우리 가족은 제각기 방에서 자고 있다. 그러나 어린 날 우리는 모두가 한 방에서 아랫목에 발을 모으고 잤다. 흔히 현대인은 고독하고 소외의 삶을 살고 있다는데, 이렇게 변화된 삶의 방식 때문이 아닐까. 비록 그 추운 겨울밤, 가난한 겨울밤이었지만 아랫목은 우리를 단아하게 싸매어 주었다.

이제는 원시 문명의 흔적이 되어 버린 아랫목. 그 지겹게만 느껴지던 가난의 흔적인 단칸방 아랫목에 나는 왜 아직도 향수를 버리지 못하고 있을까.

지금 이불을 연신 차면서 자는 내 자식들에게 박제된 생활 철학보다는 가슴 뭉클하게 번져오는 삶을 가르치고 싶은데……. 아랫목 이야기를 하면 어떻게 받아들일지 궁금하기만 하다.

행복한 바보

살다보면 뜻하지 않게 행운을 얻는 경우가 있다. 이번 겨울 여행도 친구들과 시골 바람이나 맞고 온다고 시답지 않게 출발했다. 그러나 그곳에서 뜻하지 않은 행운을 얻었다. 신선같이 사는 사람하고 밤을 새워 이야기를 하다가 온 것이다.

누구나 그런 것처럼 그동안 살아오면서 행복하게 사는 것은 무엇인가. 어떻게 사는 것이 행복한 삶인가를 마음속에서 무자맥질을 해보곤 했었다. 그때마다 답을 찾지 못했던 기억이 있다. 그런데 이번 여행에서 어렴풋이나마 그 답을 들여다보고 돌아왔다.

여행지는 평창이었다. 일행의 친구가 산 깊숙한 곳에 속세와 연을 끊고 그림을 그리며 살고 있다고 한다. 고속도로를 벗어나 산길에 들어설 때는 어느덧 겨울 햇살이 무 꽁지만큼 남았다. 갑자기 바깥 풍경도 회색이라곤 찾아볼 수 없다. 모두가 현란한 백설의 옷을 입고 있다. 산속이라 온통 추위만 맴돌았는지 눈을 그대로 남겼다. 옷 하나 걸친 것 없이 서 있는 저 나무들도 추위를 견디려고 온몸에 묻은 눈을 털지 않고 서 있다. 산길도 낯선 사람들의 발길을 달가워하지 않는지 초저녁인데 벌써 어둠살이 두툼해진다.

어느덧 소리 없이 떠오른 달빛이 어둠을 조금씩 지워나갈 때

목적지에 도착했다. 세상보다 산이 좋다는 화백은 과연 이인(異人)다운 모습이다. 추운 산 속에 살면서도 얇디얇은 광목으로 몸을 두르고 있다. 머리는 땋아서 허리춤까지 내렸다. 신발은 고무신이다. 머리 위에 내려앉은 은빛 세월로 볼 때, 나보다 한참 위라고 생각했는데, 얼굴빛은 전혀 아니다. 젊은이 같다.

생소한 곳이 궁금했지만, 우선 온몸을 짓누르고 있는 허기를 들어내는 것이 급선무이다. 도인 같은 화백은 직접 가을걷이 한 것이라며 나물을 푸짐하게 내놓는다. 안다미로 담은 쌀밥도 더 희게 보였고, 땅속에서 나왔다는 배추는 얼음덩어리처럼 차갑다. 상에 올리기 무섭게 젓가락질을 하고 보니, 빈 그릇들이 몸을 드러낸다.

허기를 떨어내기 무섭게 차를 마시고, 난로 주위에 앉는다. 우리 일행이 주인에게 입을 열기 시작한다. 난로의 구입처를 물었고, 조금 전에 나온 밥그릇들은 어디서 사왔냐고 물었다. 주인은 눈가에 웃음을 흘리고, 산에서 나무를 지고 와 탁자를 만든 무용담을 늘어놓았다. 그리고 난로를 주문해서 만든 이야기며, 집을 지은 이야기를 했다. 밥그릇은 뒷방에서 지금도 만들고 있다고 했다.

분명 주인은 화가라고 했는데 이야기를 듣다보니, 도공(陶工)이고, 목수이기도 했다. 음식 솜씨가 뛰어난 것으로 보아 요리사요, 농사도 제법 한다고 하니, 만능재주꾼인 듯싶다. 아니 흰 머리카락을 도인처럼 늘어뜨린 것으로 보아, 저 산중턱에서 내려온 신선인지도 모른다.

우리는 바깥에 어둠살이 짙게 내려온 것도 모르고 이야기의 늪에 빠져 있었다. 그 흔한 텔레비전도 없었기 때문에 이야기는 더 흥미진진했다. 가끔 창문 틈으로 험난한 산을 넘는 바람소리만 들려왔을 뿐 우리들의 대화를 막을 사람이 없다. 그런데 이야기가 갑자기 이상한 곳으로 흘러간다. 누가 입 밖에 냈는지 모르지만, 왜 이곳으로 이사를 오게 되었냐고 묻는다. '혹시 사모님은 반대하지 않으셨냐? 생계는 어떻게 꾸리고 있냐?' 는 질문이 쏟아진다. 장난기 심한 사람은 사업에 실패했고, 야반도주를 하고 정착한 곳이냐고 묻는다.

우문현답(愚問賢答)이라고 했나. 주인은 떠름히 생각하는 것도 없이, 큰 웃음으로만 대답을 한다. 그리고 마침내 취기(醉氣)를 핑계 삼아 노래로 답을 한다며, '난 참 바보처럼 살았군요—' 를 구성지게 부른다. 똑똑한 사람들이 사는 도심에서 살 수 없기 때문에 이곳까지 왔다고 한다. 이곳은 바보가 살기 아주 좋은 곳이라 했다.

몇 시나 되었는지 알 수는 없었지만 밤이 익을 대로 익은 듯했다. 산속의 밤공기가 코끝을 얼게 했지만, 가슴만은 뜨거웠다. 우리는 가파른 삶의 언덕에서 살고 있다. 권세와 사치스러운 것을 얻기 위해 때로는 비굴하고, 추악하게 살아가고 있다. 남에게 뒤지지 않기 위해서 매일 험한 삶의 벌판을 누비고 다녔다. 혼탁해져 가는 사람들의 틈에서 힘겹게 사는 내 자신의 모습이 한없이 약하게만 느껴진다. 저 사람처럼 세상 모든 것과 관계를 끊어버리고 살아가는 길은 없을까?

아침 햇살이 희붐히 퍼졌다. 세상은 온통 흰 빛으로 빛나고 있다. 깊은 겨울잠을 자고 있는 나무들과 바위들도 흰 빛에 물들었다. 마당을 말끔히 쓸고 있던 주인이 먼저 말을 건넸다. "처음에 이곳으로 올 때는 큰 뜻이 있었습니다. 속세를 벗어나고 깨끗이 살겠다는 의지를 품었지요. 내 마음을 채우려면 먼저 마음을 텅 비워야 할 것 같아서 모든 것을 버렸습니다. 이곳에 와서 저 봉우리를 찾아갔지요. 이곳에서는 가까운듯한 봉우리가 몇 개의 골짜기를 지나고 험난한 산을 넘어야 갈 수 있는 곳입니다. 그때 다시 깨달았습니다. 무엇인가 채우겠다고 버리는 것은 또 다시 욕심을 채우는 것이구나. 역시 나는 또 바보 같은 인생을 사는구나."

아침에도 주인의 바보 인생철학은 계속되었다. 간밤에 몰아치던 바람은 감쪽같이 하늘로 올라갔다. 멀리 산협을 파고드는 기차가 마지막 기적 소리를 내지르며, 산골 마을의 적막을 깨고 있다. 호젓하다 못해 을씨년스럽기까지 한 마을에 바보 같은 신선이 하나 서 있다.

멀리 산중턱을 타고 오르는 태양과 함께 어젯밤 의문을 가졌던 답이 떠올랐다. 세상 모든 것과 연을 끊고 살아갈 수는 없지만, 세속의 더러운 것을 가까이 하지 않으면 되는 것이다. 연꽃이 진흙 속에서 자라기 시작했어도 꽃 그 자체는 흙 하나 묻히지 않고 피어나는 것처럼, 티끌이 많은 세상에 살아가도 늘 맑은 정신을 가지고 살아간다면 저 신선(神仙)처럼 행복한 인생의 꽃을 피울 수 있다.

아파트에서 사는 즐거움

우리 동네는 참으로 삭막한 곳이다. 20층이 넘는 고층 아파트들이 수도 없이 늘어서 있고, 덩치가 커다란 상가 건물들이 옥수수 밭을 연상할 정도로 빽빽하게 서 있다. 대단위 택지개발 지역이기 때문에 사방을 둘러봐도 아파트와 상가 건물만 울창하다.

이곳은 택지개발지역이라고 해서 동네가 바둑판처럼 정확하게 구획 정리가 되어 있지만, 내게는 이런 것도 마음에 안 든다. 아파트 건물을 지을 때도 남향으로 짓다보니, 들어앉아 있는 건물이 모두 엉덩이는 북쪽으로 하고 얼굴은 남쪽을 바라보고 있다. 구역별로 다른 회사가 시공했지만, 겉모습은 모두 똑같다. 내가 보기에는 단지 내에 심은 나무들도 모두 똑같다는 느낌이다. 헤아려 보지는 않았지만, 담 밑에 심은 장미 덩굴 숫자까지 똑같을 것이다. 굳이 다른 것을 찾아본다면, 아파트 출입구에 버티고 있는 무슨 아파트라는 이름뿐이다. 하지만 그것들도 모두 번쩍번쩍하는 금빛으로 치장한 것이며, 그 옆에 아파트 시공 회사에서 설치해준 조각품 등이 모두 적당히 규격화되어 있으니, 엄밀히 말하면 다를 것이 없다.

이런 아파트를 두고 많은 사람들은 부러워 어쩔 줄 모른다. 이

지역에서는 드문 택지개발지역이기 때문에 투자가치가 높다, 전철역이 가깝다, 가까이 명문 고등학교가 있어서 아이들 교육 환경이 좋다, 아파트를 사 두기만 하면 몇 년 사이에 엄청난 이익을 올릴 수 있다고 야단들이다.

이런 말이 내 귀에는 당연히 들어오지 않는다. 우선 이 아파트는 우리 가족이 살기 위해서 장만한 것이지, 투자목적으로 산 것이 아니기 때문이다. 또한 아파트라는 건물 자체가 정감이 가지 않는다. 조그만 집은 사람들의 마음을 움직여서 집을 짓지만, 아파트는 웅장한 기계가 콘크리트를 쏟아 붓고 지은 집이라는 생각 때문이다. 아담한 집은 주춧돌을 놓을 때부터 집에서 살 사람들의 습관까지 고려한다. 하지만 아파트는 그런 생각을 할 여유조차 없다. 사각형으로 만들어진 뼈대에 대충대충 살을 붙이고 공사 기일에 맞춰서 빨리 빨리 만들어낸 것이 분명하다.

그러나 어쩌겠는가. 성인도 여세추이(與世推移)라고 한 것처럼, 새로운 환경에 순응하면서 살아야 하는 것이 내 인생의 몫인 걸. 그래서 내 마음의 그릇에 아파트에서도 사는 즐거움이 있을 것이라는 생각을 담으려는 노력을 기울이기 시작했다.

이런 가운데 가장 먼저 정을 붙인 것이 베란다이다. 처음 아파트에 이사 와서 단독주택처럼 손바닥만한 뜰이라도 있었으면 하면서 헤맨 적이 있었다. 그 때 허전한 가슴을 채워준 것이 베란다이다. 베란다에 앉아있는 화분들은 낮에는 낮대로 햇살을 받고, 밤에는 밤대로 달빛을 먹고 자라서인지 가슴들도 한껏 부풀어 올라 숙녀티를 내고 있다. 고층 아파트 베란다에서 보는 시내 밤 풍경이 아름답기도 하고 신비스러운 분위기도 자아낸다. 저 멀리 회색 아파트 건물들도 밤에는 깊은 산에 빽빽이 들어찬 나무들로 보이게 한다. 간혹 직장에서 마음이 상한 일이 있으면, 아파트 베란다에 서서 마음의 두레박을 올렸다 내렸다 하다보면 맑게 씻어지는 듯하다.

아파트에서 사는 즐거움을 더욱 부추긴 것은 반상회 참석 때부터이다. 날이 따뜻해지면서 우리 아파트는 관리사무소에서 하던 주민 총회를 아예 밖으로 옮겼다. 부지런한 부녀회장이 술자리까지 준비했다. 특히 매번 여자만 모이는 주민 총회에서 부부가 함께 모이는 총회로 한다는 안내문이 붙었다. 참석하지 않는 세대는 아파트 발전기금 마련을 위한 벌금을 물린다는 으름장까지 써 놓았다.

우리 부부는 사람을 그리워하던 차라 제일 먼저 자리에 나갔다. 그리고 하나둘 들어오는 이웃들을 눈여겨보고 있었다. 얼떨결에 이름과 손을 건네면서 초면 인사를 끝내고 앉아있는데 가만히 뜯어보니 남자들은 모두가 낯익은 얼굴들이다. 저 사람은 출근길에 내 차 앞에 가로질러놓은 차 때문에, 차를 빼달라고 전화를 해서 본 얼굴이고, 저 양반은 언젠가 출근길에 슈퍼에서 나오다가 마주쳐 내 어깨에 멍까지 새긴 적이 있다. 아니! 저 여자는 아파트 앞 우회전 도로에서 내 차 앞으로 새치기를 해서 접촉사고를 낼 뻔했던 여자가 아닌가. 그 때 화가 나서 뒤따라가 멱살이라도 잡으려고 했던 여자가 분명하다.

흰머리가 제법 많아 보이는 듯한 사람은 아무리 여겨보아도 낯설다. 내심 다행이라 생각했다. 연로하신 분과 악연이라도 갖고 있다면, 이 자리에 앉아 있기가 곤혹스러웠기 때문이다. 그런데 이 양반이 내게 술잔을 먼저 권하면서 '윤선생님' 하는 것이다. 순간 나를 아는가(?), 아니겠지(!). 요즈음 모두가 선생님이라고 부르는 것이겠지 했는데, 당신의 형님 딸이 3학년 4반 누구란다. 아뿔싸! 아뿔싸! 며칠 전 감기라고 해서 '여름에 무슨 감기냐, 넌 꾀병이다'라고 물리쳤던 아이의 큰아버지라니…….

풋감 먹고 얹힌 얼굴이 되어 앉아있는데, 손이 촉촉했다. 술이 넘친 것이다. 술은 초물에 취하고 사람은 훗물에 취한다더니, 인사를 나누고 이야기를 주고 받다보니 모두가 법 없이도 살 사람들이라 생각했다.

아파트로 이사 오면서 땅도 밟지 못하고 사는 새장이니, 닭장같으니 하면서 푸념 속에 살았다. 뿐만인가, 처음 입주할 때부터 콩알만한 간에 호박덩이만한 경계심을 달고 살았다. 옆집이 이사를 가고, 위층에 함이 들어와도 알음할 생각이 애초에 없었다. 서로 척지은 것도 없으면서 문을 굳게 닫고, 혹 그들과 인연의 끈이라도 맺어질까봐 피해가면서 살았다.

오늘 새로운 사실을 알았다. 아파트에 사는 우리야말로 한 지붕 아래 모여서 사는 가족 같은 사람들이라는 것이었다. 위층, 아래층에서 하는 소리가 다 들리고, 옆집하고는 얇은 벽을 사이에 두고 나누어져 있다. 전기선은 서로 실핏줄처럼 연결되어 있고, 수도관, 가스관도 함께 쓰고 있는 가장 가까운 이웃이다.

그런데 이런 이웃간에 삶을 달갑지 않게 생각하는 사람도 있나보다. 반장 아주머니가 우리 위층으로 주민총회 불참건에 대해 벌금을 받으러 갔단다. 그랬더니 그 집 안주인이 자기네는 이 아파트에 살지 않는다고 생각하라고 했단다. 그러면서 아파트 주민총회에 참석할 의사도 없고, 그렇다고 벌금을 낼 생각도 없으니 앞으로는 찾지 말라고 했단다.

들리는 이야기로는 그 여자는 뒤늦게 대학을 다니는 학구파라고 했다. 그래서인지 '개인의 행복 추구권'을 운운하면서 반장 아주머니를 문전박대 했나본데, 혼자 살면 개인의 삶이 보장되고, 행복이 넘치는지 묻고 싶다.

 이 아주머니에게는 인간은 사회적 동물이라는 고리타분한 이야기보다, 오래 전에 유행했던 노래를 들려주고 싶다. '깊은 산, 작은 연못, 어느 맑은 여름날 연못 속의 붕어 두 마리 서로 싸워 한 마리 물 위에 떠오르고, 그놈 살이 썩어 들어가 연못 속에는 아무 것도 살 수 없게 되었죠'라는 노래이다.

 이 노래는 제목이 '작은 연못'이라고 기억되는데, 이 노래에서 들려주듯이 우리가 혼자 살려고 한다면 같이 죽게 된다. 위층 아주머니는 더불어 사는 사람들을 귀찮아하고 있지만, 과연 이웃이 귀찮은 존재일까. 지금 우리는 서로 인사를 나누고 아침 출근길에도 주민총회에서 만난 이웃을 보면 엘리베이터에서 인사를 건네지만, 그 여자는 누구인지를 알지 못하고 지내고 있다. 엄마, 아빠를 따라 나온 꼬마 녀석들은 나를 보면 함박꽃 웃음을 보내면서 인사를 건네는데, 그 여자는 이렇게 예쁜 아이들의 인사도 못 받을 것이다.

 늘 거센 바람에 흔들리면서도 산 정상에서 굳게 서 있는 나무를 본 적이 있다. 산에 사는 나무는 이처럼 늘 바람에 시달리면서 산다. 그래서 산 정상에 있는 나무는 스트레스를 받아 성장 호르몬이 더디게 나온다. 당연히 나무의 줄기는 짧아지고 뭉툭해진다. 이것이 오히려 산 정상에서 살아가는 데 큰 장점이 된다고 한다. 키가 작을수록 강한 바람이 불어와도 줄기나 가지가 잘 꺾이지 않기 때문이다.

 이처럼 생물도 환경에 따라 자신의 몸을 유리하게 적응시키면서 살아간다. 하물며 만물의 영장인 인간은 어떻겠는가. 아파트에서 살아야 한다면 아파트에서 사는 문화를 만들면서 살아야 한다. 이제라도 문을 활짝 열고, 이웃과 함께 사는 문화를 만드는 주역이 되었으면 하는 마음 간절하다.

어떤 것이 바른 교육인가

학교생활 중에 계발활동 지도도 부담이 간다. 오래전에는 CA 혹은 특별활동이라고 했는데, 교직에 첫발을 디딜 때 교지 편집반 지도를 했다. 글쓰기를 가르쳐 원고를 독려하고 그것도 모자라서 내가 원고 작성을 도와주며 교지를 만들었다. 그뿐만이 아니다. 그때는 교장, 교감 선생님처럼 높은 분들의 명령은 서슬 퍼런 시절이어서 꼼짝없이 그분들의 원고를 내가 직접 쓰면서 책을 만들었다.

초임 시절에 묵묵히 교지편집만 하다가, 힘이 든다고 조심스럽게 말한 적이 있다. 그랬더니 이번에는 문예반 지도를 하란다. 담당 과목이 국어이고, 내가 글줄깨나 쓴다고 문예반 지도 교사로 낙점을 한 것이다.

그러다가 학교에도 새 바람이 불면서 계발활동의 운영과 내용에도 많은 변화가 왔다. 아이들의 취향이 다양해지면서 예전에 없던 놀이형 활동이 생기고 운영도 전일제로 했다. 하지만 나란 위인은 이런 근처에도 못 갔다. 문예반, 교지 신문편집반, 독서반, 독서토론반 등은 학생들의 취향과 상관없이 학교 교육활동 중에 큰 뿌리 역할을 하기 때문에 반드시 개설해야 하고, 이런 반 지도교사는 국어선생이 해야 한다는 논리에 번번이 무릎을

끓었기 때문이다.
　그런데 금년에는 이 모든 것을 면했다. 젊은 선생님들이 궂은 일을 하고 나는 나이가 들었으니 좀 쉬어도 된다고 배려를 했다. 덕분에 등산반을 했다. 가장 먼저 내가 산을 오르고 싶었다. 아이들에게도 산을 통해 정신력과 체력을 단련하고, 자연을 사랑하는 마음을 가지도록 하고 싶었다. 동안 매번 학교에 앉아서 글쓰기 강의를 하고, 책을 읽고 토론을 강요하면서 지치기도 했다.
　이제는 학교에서 벗어나 산행을 하면서 심신단련을 하는 즐거움을 누릴 수 있다는 기대감에 차 있었다. 아이들에게도 산을 오르면서 도전과 극복을 하는 삶의 가치를 배울 수 있다고 강조를 했다. 일석이조의 효과를 얻으려고 등산을 하면서도 시사 문제에 대한 상식을 주고 의견을 나누는 시간을 가졌다. 또, 아이들에게 산에 오르면서 나무를 자세히 보고 새 소리를 들으라고 했다. 글을 써 보라고 권하기도 했다.
　그러나 나는 올해 등산반을 지도하면서 아이들에게 원성만 샀다. 첫 산행과 두 번째 산행은 말이 없었지만, 세 번째 산행에서 아이들이 놀이공원에 가자고 졸랐다. 정보가 빠른 아이들은 다른 반은 영화관에, 스케이트장에, 포도밭에 간다며 우리도 이번에는 영화를 보러 가자고 우겼다.
　여름에도 큰 수영장에 가자는 것을 간신히 잠재우고 산행을 했다. 이파리가 연약한 나무가 무성해진 것을 보여주고 싶었고, 뜨거운 태양 아래 땀을 흘리면서 인내심을 키우겠다고 정상까지 감행했다. 엊그제 등반 때도 다른 반은 청계천에 가고, 국립박물관에 간다며 칭얼댔지만 묵묵히 산에 올랐다. 아이들이 반대하는 것을 알면서도 산행을 고집한 데는 이유가 있었다. 아이들에게 붉게 타는 산의 모습을 보여주고 싶었다. 거목을 뿌리째 뽑을 태풍의 기세에도 끄떡 않고 버티던 나뭇잎들이 스산한 가을바람 앞에 힘없이 낙엽이 되는 자연의 섭리를 느끼게 하고 싶었다.

마지못해 따라온 아이들은 산행을 하면서 다음 계발활동은 올해 마지막이니 영화관에 가자고 아예 못을 박듯이 이야기한다. 하지만 나는 아이들과 겨울 산행을 하고 싶다. 그 무성했던 산이 발가벗고 서 있는 모습을 보면서 화려하게 지나간 계절을 돌이켜보는 시간을 갖고 싶다. 침묵하고 있는 산은 온갖 것이 죽어가고 있는 것 같지만, 다시 움트고 소생하기 위하여 칼날 같은 추위를 견디고 있다는 진리를 느끼게 하고 싶은데…….

산을 내려오면서 이 생각 저 생각을 저어 보았다. 최근 교육계는 경제논리를 앞세워 수요자 중심 교육이라는 말을 하고 있는데, 나는 아이들이 원하는 것을 무시하고 내 멋대로 교육을 한 것인가, 자괴감이 인다.

교육과 인간이 가장 잘 융화되는 것 같지만, 인간이 본질적으로 싫어하는 것이 교육이다. 즉 인간은 누구나 통제받기를 싫어하고 자유롭고 편안한 것을 원한다. 어른이나 아이들도 마찬가지다. 시간에 통제받고, 흥미가 없는 것에 매여 있는 것은 죽기보다 싫은 것이다. 어차피 교육이란 수행과정에서 자율성을 통제하고 어느 정도 강제성을 띠어야 한다. 강제성이 없고 수요자가 원하는 대로 하는 교육은 있을 수가 없다.

그렇다면 교육의 개념을 단순하게 수요자 중심이라는 시장의 경제논리로 말해서는 곤란하다. 교육에 있어서 수요자 중심 교육의 의미는 학습 수행 과정에 있어서 학생의 수준에 맞는 학습량을 제시하거나, 수요자의 학습 환경을 배려하는 것으로 이해해야 한다. 학생 중심의 수업은 교육 목표 달성이 어렵다. 교수·학습 장면에서는 교사가 중심이 되고, 이 과정에서 교사의 통제가 엄격해야 효과적인 교육이 된다.

일부에서는 학생이 놀고 싶다면 같이 놀고, 교육 활동을 원하는 것으로 하자면 교사가 그것에 따라가는 것이 수요자 중심 교육이라고 생각하는 경향이 있다.

아울러 교원평가도 문제다. 사회에서는 마치 교원들이 무턱대고 평가를 거부하는 것처럼 말하고 있는데, 도대체 무엇을 평가한다는 것인지 알 수가 없다. 이는 교육을 교과지식만 적당히 가르치는 것이라고 잘못 생각한 데서 비롯된 것이다. 교육이 이렇다면 굳이 아이들을 학교에 보낼 필요가 없다. 아주 손쉽게 가르치는 학원으로 보내는 것이 현명한 방법이다.

교육은 아이들의 미래의 모습에 기여하는 것이다. 따라서 교육활동의 결과는 당장 나타나지 않는다. 선생님의 따끔한 한 마디가 아이에게 삶의 소중한 밑거름이 된다. 아이의 영혼을 적시는 스승에게 어떤 잣대를 들이대며 평가할지 말해야 한다. 뿐만 아니라, 감정의 기복이 심한 청소년들에게 교사를 평가하라고 하는 것은 교육을 또 한 번 깊은 늪으로 밀어 넣는 행위이다.

'빈대 잡는다고 초가삼간 태운다' 는 속담이 있다. 교육 개혁을 핑계로 여러 정책을 쏟아냈지만, 제대로 정착된 것이 하나도 없다. 수요자 중심의 교육도 우리 교육 현장을 오히려 황폐화시켰다. 교원평가의 폐단은 더욱 심할 것이다. 제발 이제부터라도 교육이 무엇인가라는 근본적인 물음에서부터 출발하는 정책을 만들어야 한다.

여자와 남자는
함께 사는 반(伴)의 존재, 서로 존중해야

몇 년 전 국가고시에서 군필자 가산점이 위헌이라는 판결이 나자, 주위에서 불만의 목소리를 내는 사람들이 많았다. 그때 남자들은 술자리에 모이기만 하면 울분을 토하고 군에 대한 보상을 받지 못하는 것에 대해서 정치권을 탓하기도 했다.

그러다가 한 풀 꺾이더니 최근에 다시 여성이 사회의 중심에 서는 것을 탓잡는 사람들이 많아졌다. 지난번에도 회식자리에서 헌정 사상 최초의 여성총리가 소임을 다하고 물러났다는 뉴스에 남선생들이 한참 열을 올렸다. 이야기가 무르익자 남선생이 느닷없이 교단에서 여성의 비율이 높은 것에 대해 낮잡아 말했다. 남선생은 농담처럼 말했다고 했지만, 여선생들의 마음은 꺾이지 않았다.

문제가 여기에서 그치지 않았다. 내가 나잇살이나 먹었다고 중재를 하다가 그만 회색분자가 되어버렸다. 나는 남자 선생들한테는 여성 편력을 가지고 있는 사람으로 낙인 찍혔고, 반대로 여선생들에게는 여성을 차별하는 구시대의 인물로 규정지어졌다. 나는 여성의 생물학적 요인을 이해하려는 마음의 그릇이 없고, 그곳에 우월의식을 담고 못된 차별의식까지 가지고 있다는 누명을 썼다.

  이 사건 이후 나는 양쪽에서 눈 흘김을 받고, 급기야 혼자서 베도는 신세가 되었다. 다행히도 남선생들은 그럭저럭 오해를 풀었지만, 여선생들은 좀처럼 마음을 열어주지 않아 아직도 마음고생이 많다.

  할 수 없이 여기서라도 변명을 해야 할 처지가 되었다. 결론부터 말한다면 나는 여성에 대해서 차별을 할 생각은 꿈에도 가져본 적이 없다. 내가 여권신장을 주장하는 운동가들의 취향에 적극 동참하지는 않았지만, 적어도 나는 지금까지 살아오면서 여성의 능력을 폄하하거나, 그들보다 우월의식을 가져본 적이 단 한 번도 없다.

  부끄러운 고백이지만, 나는 지금까지 살면서 오히려 여자에게 주눅이 들어 살고 있다. 그 예로 첫 번째 이야기하고 싶은 여자는 나의 어머니다. 어머니를 여자의 범주에 넣기에는 좀 불경스러운 면이 있지만, 이 마당에서는 무서운 어머니 이야기를 안 할 수가 없다. 세상에 어느 어머니나 다 그랬겠지만, 우리 어머니도 무척 무서웠다. 아니 무섭다기보다는 강한 여성이었다고 말해야 할 것 같다.

  우리 집도 다른 집들처럼 아버지께서는 돈을 버시고, 어머니는 집에 계셨으니 외형상으로는 평범한 가정이라 할 수 있다. 하지만 옛날에는 모두가 가난했던 것처럼 우리 집도 어렵게 살았다. 우리가 학교 다닐 때는 그 어려움이 더욱 심했다. 그런데 그 위기를 이긴 것은 아버지가 아니라 어머니였다. 우리 삼 남매 대학 등록금을 한꺼번에 내야 할 때도 뭉칫돈은 어머니의 옷궤에서 나왔다. 그뿐만이 아니다. 큰돈이 필요할 때마다 어머니는 요

술을 부리듯 돈을 꺼내셨다.

남매 이야기가 나왔으니 여동생 이야기도 해야겠다. 나는 두 살 터울로 남동생과 여동생이 있다. 나와 여동생은 네 살 차이다. 다행히도 바로 밑 남동생은 나보다 공부를 조금 더 잘 했다. 그런데 여동생은 달랐다. 어릴 때부터 명석한 두뇌로 학교에서 이름을 날리고, 급기야는 서울대학교 사범대학에 입학했다. 내가 군에 갔다 와 복학하고 나니, 막내와 3학년으로 같았다. 구체적으로 말이 없었지만, 나와 남동생은 막내 여동생의 화려한 학교생활에 기죽어 생활할 수밖에 없었다.

대학 때도 나는 여자들과 경쟁하는 것을 꿈도 못 꿨다. 지금이야 사범대학에 여자가 대부분이지만, 내가 대학에 갈 때만 해도 여자가 반을 넘지는 않았다. 그러다 보니, 여대생 한두 명과 공부하는 공과대학이나 경상대학의 친구들은 여자들 틈에 있는 내가 부럽다며 속물스런 농담을 해대곤 했다.

겉보기는 이랬지만 우리 과의 남학생들은 여학생이 있어서 좋은 것이 하나도 없었다. 먼저 우리들은 다른 사람들이 생각하는 것처럼, 여학생들의 섬세한 배려를 받은 기억이 없다. 오히려 그들에게 끌려 다니고, 그들에게 휘둘림을 당했다. 하찮은 야유회 장소를 정할 때도 우리 마음대로 한 적이 한 번도 없었다.

혹자는 이런 모습을 보고 우리들이 여학생들을 위하는 신사들이라고 했지만, 우리들의 속내를 모르고 하는 말이었다. 당시 우리 과의 남학생들은 여학생들에게 기가 죽어서 학교생활을 했다. 우선 남학생들은 매일 후문에서 먹은 술을 다시 게울 때까지 술을 마시던 것이 일과였다. 그러니 우리는 한두 과목은 당연히 F학점이었다. 남학생은 도서관에서 얼굴을 볼 수 있는 몇 명만

이 모범생이라고 칭송을 받았다. 그러나 여학생들은 달랐다. A학점은 기본이고, A플러스가 수두룩했다. 우리에겐 평점 3.5를 넘는 것이 희망이었지만, 여학생들은 모두 4.0을 넘나들었다. 그 어렵다는 교원 임용고시에 한 번에 입성한 것도 모두 여학생들이었다.

여자에 눌려 산 것은 결혼을 하고도 달라진 게 없다. 일단 결혼과 함께 아내가 내 월급 통장을 빼앗아 갔다. 물론 물리적으로 빼앗아 가지는 않았지만, 얼떨결에 힘의 균형을 잃었다. 아내와 지금까지 살면서 싸울 일이 별로 없었지만, 번번이 끌려간 것은 사실이었다.

나는 경제권이 아내에게 집중되어 있는 현실에 대해 간혹 불만을 토로하는 것처럼 행동하고 있지만, 그것은 내 본심이 아니다. 나는 오히려 아내에게 경제권이 집중되어 있는 힘의 불균형을 즐기고 있다.

지금 직장에도 여성이 반이 넘는다. 그들은 모두 가정에서 중심역할을 하면서 양육과 함께 1인 다역을 하는 슈퍼우먼들이다. 그들은 때로는 약한 것 같지만, 조직에서 논리의 힘으로 말하고 당당하게 생활한다.

여성이 사회적 관심거리로 등장했다는 것은 부인할 수 없는 현실이다. 오래 전에 여성부가 신설되고, 호주제 폐지에 이어 우리나라도 여성총리가 성공적인 임무 수행을 했다. 각종 국가고시에서 여성이 두각을 나타내는 것은 물론 대학의 총학생장도 여학생이 차지하고 있다.

주위에는 아직도 여성의 생리적 특성을 폄하하거나 남성과의 힘의 비교를 하는 사람들이 있다. 특히 양성의 신체적 차이를 구분하지 못하고 역차별 운운하는 어리석은 남성들이 있다니 참 안타까운 일이다.

　이번에 여선생들과 남선생들의 대립을 해결하는 과정에서 '나는 양성 평등을 거부한다'고 했는데, 이 말이 잘못 해석되어 애를 먹었다. 언뜻 들으면 내 말이 여성을 배려하지 않은 말처럼 들리는데, 이 말은 남성과 여성의 이분법적 사고를 버려야 한다는 뜻을 담은 것이다. 동안 우리는 여성을 함께 사는 우리의 대상으로 보지 못했던 것이 사실이다. 평등의 추구는 끊임없이 힘의 균형을 이루기 위해 인위적 조정을 해야 하는 어려움이 있다. 양성 평등이 아니라, 양성 존중을 외친다. 양성 존중! 나는 그들을 존중하고 싶다.

역설(逆說)의 미학

수업 도중에 만해 한용운의 「님의 침묵」을 만나면 말이 많아진다. 만남과 헤어짐이라는 모순적 상황이 전혀 다른 이미지를 탄생시킨 변증법적 상상력을 설명하기 위해서이다. 또, 만해가 마지막으로 뱉었던 '아아, 님은 갔지마는 나는 님을 보내지 아니하였습니다' 라는 구절을 아이들이 이해를 잘 못하기 때문에 말을 많이 한다.

이것만이 아니다. 강의가 끝난 뒤에도 나는 혼자서 고의적으로 고안된 언어 표현을 되새김하느라 한참 동안 넋을 놓고 있다. 님이 떠난 현상을 부정함으로써, 영원히 함께 있다는 만해의 어법은 슬픈 듯 하면서도 감동으로 다가온다. 이러한 표현이 가능했던 비밀은 무엇인가? 끊임없는 이상향에 대한 동경 때문인가? 아니면 조국 광복에 대한 염원과 종교적 신념이라는 이념적 실체가 결합한 것인가?

흔히 앞뒤의 상황이 어긋나는 진술을 역설이라고 한다. 역설은 모순의 진술이 출발점이다. 역설은 단어 자체의 상반된 의미가 연속되면서, 양극을 뛰어넘는 새로운 차원의 의미가 만들어진다.

만해가 어두운 시대를 살아가는 존재론적 인식의 방법을 역설에서 찾은 것처럼, 오늘날의 시인들도 일상 어법의 어긋남을 통해서 높은 차원의 의미 전환과 함께 한없는 감동의 울림을 주는 경우가 많다. 김영랑의 「모란이 피기까지는」, 정지용의 「유리창」, 서정주의 「학」, 오세영의 「모순의 흙」이 모두 고도의 문학적 표현 양식인 역설을 통해서 독자들에게 깊은 사유의 감동을 주고 있다.

생각해 보면 역설은 시적 표현 양식만이 아니다. 인간이 태어나서 살아가는 자체가 하나의 커다란 역설의 관문이다. 아주 진부한 상상력 같지만, 흔히 인간의 삶은 고해(苦海)에 비유된다. 다시 말해서 인간은 험한 세상에 태어나서 운명을 개척해 나가는 존재이다. 그러면서도 인간은 이 세상에 태어난 것을 비관하는 사람이 없다. 모두가 축복으로 여기고, 기꺼이 삶의 무게를 짊어지고 간다. 오히려 스스로 현실의 고통에 발목을 담그고, 그 고통을 헤쳐 나가려고 한다. 현실의 아픔이 있다고 해서 비껴가는 사람은 없다.

생(生)과 사(死)만이 아니다. 만물의 형성과 유지 보존의 모든 질서에는 역설의 진리가 있다. 땅과 하늘, 바다와 육지, 겨울이 지나고 봄이 오는 현상, 들꽃이 말없이 씨를 남기고, 다시 계절에 맞추어 아름답게 피는 섭리. 이 모두가 우주의 역설적인 현상을 통해 존재하는 것이다.

내가 업(業)으로 삼고 있는 글쓰기도 생각을 넓혀 보면, 역설의 빨랫줄에 매달려 있는 것이다. 글쓰기는 일상에 젖어 무겁게 사는 삶의 방식을 벗어나 보려고 시작한 것이었다. 실제로 글 속에서 또 하나의 나를 향해 말을 건네며, 방황의 끝에 서 있는 삶의 모습을 응시할 수 있었다. 그리고 명징하고 절제된 언어를 통해서 삶을 되질하면서 정신의 평정을 되찾았다.

그러나 지금 글쓰기는 고통의 연속이다. 글을 쓰기 위해 조용한 시간을 무릎아래 붙이고 앉으면, 고립감과 불안감에 사로잡혀 안정성을 잃어버린다. 나는 관념의 언어 앞에 포로가 되어 완결된 형식만을 만들어내려는 투쟁에 몰입한다. 결국 글쓰기는 싸움이 되었고, 번번이 싸움에서 지는 나는 침체의 늪에서 헤어나질 못하고 있다.

마찬가지로 내가 매일 전개하는 일상의 전개도 역설적인 친화력 속에서 이루어지는 것이다. 매일 반복되는 일상이란 끊임없이 변화하고 있다고 생각하기 쉽지만, 되풀이, 단조로움, 붙박이로 이어지는 정지된 시간이다. 이는 한마디로 요약하면 무미건조함이다. 따라서 일상성은 부정적으로 인식되기 쉽다. 그런데도 나는 쓰디쓴 일상의 잔을 반복해서 마시고 있는 것을 보면, 역설적 애착을 버리지 못하고 있는 것이다.

몇 년 전에 삶의 내용이 빈약함을 느끼고 있었다. 해서 뒤늦게 대학원 공부를 시작하고, 두 번째 수필집을 내는가 하면, 방송 출연에다, 신문 연재까지 욕심의 주머니에 이것저것 채워 넣고 생활했다.

글을 쓸 때도 그랬지만, 사실 방송 출연과 칼럼 연재는 조금 엄살을 떤다면 내 능력의 저편에 있는 것이었다. 그런데 그 일들을 손에서 놓을 수가 없었다. 그 일에 매달려 있으면 불완전한 내 자신과 싸우는 즐거움이 있었다. 이 싸움은 인식의 선명한 상태를 유지시키고, 일상에 활력을 부여하는 힘이 있었다.

앞에서 거듭 이야기한 것처럼, 일을 하는 그 자체가 곧 행복이라는 논리를 펴고 있는 나의 생각도 곧 역설적인 인식이다.

방송과 신문사 원고 마감을 지키기 위해서 계속 고통을 받으면서도 일을 놓지 않고 있는 것은 역설적 존재 의식에 젖어 있는 것이다.

그러나 생텍쥐페리가 '사람은 전적으로 역리적(逆理的)'이라고 말한 것처럼, 나는 또 다른 역설의 미학을 꿈꾸고 있다. 이제는 나를 즐겁게 하는 모든 일에서 벗어나고 싶다. 주위에서 원고료도 제법 많이 받고, 유명세를 타고 있다고 부러워하기도 하지만, 언제 끝날지 모르는 기약 없는 연재, 그리고 매주 시간에 쫓기는 생활에서 벗어나고 싶다. 한마디로 긴 휴식의 터널로 들어가고 싶은 것이 요즘의 바람이다.

흔히 선승들이 떠다님 속에서 진리를 찾듯 나도 모든 일을 접어 버리고 어디론가 떠나고 싶다. 나를 괴롭히는 이곳에서 깨끗한 강줄기로 흘러가고 싶다. 일의 즐거움 속에서 살면서도 삶의 둥지 깊숙한 곳에서는 탈출을 희구하는 나의 모습. 이 또한 불완전한 내 자신과의 싸움을 하는 역설의 인식을 꿈꾸는 것은 아닐까.

오늘 우리는 무엇을 가르칠 것인가

엊그제 우연한 기회에 유치원 운동회를 보고 있었다. 휴일을 맞이하여 대학 운동장을 빌려 어린 꼬마들이 소리를 지르고 있는 것이었다. 펄럭이는 만국기는 없었지만, 가을 하늘 아래 아빠, 엄마, 할아버지, 할머니까지 소리를 높이는 광경을 보면서 한참 동안 동심으로 돌아가 앉아 있었다.

그런데 이 운동회가 즐거움을 줄 줄 알았는데, 시간이 지날수록 마음을 뒤틀기 시작했다. 이날 운동회는 유치원에서 거금(?)을 들여 이벤트 회사에 의뢰를 한 듯하다. 마이크를 잡은 사회자도 유치원 선생님이 아닌 듯하다. 행사하는 동안 중간 중간 내뱉는 말도 어린아이를 가르치는 선생님의 말투가 아니다. 시골 장터에서 약을 파는 사람의 억양 같기도 하고, 환갑잔치 사회자처럼 말하기도 한다. 귀를 기울여보니 사회자는 진행을 하면서 무의식중에 여성을 비하하는 듯한 말을 하기도 하고, 어른들에게 결례가 되는 언어 표현도 마구 쏟아내고 있다.

운동회 흉내를 내느라고 아이들을 청군, 백군으로 편을 가르고 머리띠를 두르게 했지만, 아이들 앞에서 응원을 지휘하는 선생님은 없다. 대신 프로야구 경기장에서 볼 수 있었던 치어걸 복장을 한 아가씨들이 아이들 앞에서 응원의 함성을 주도하고 있다. 아가씨들은 짧은 치마를 입고 유행가 소리에 맞춰 율동을 하고 있지만, 아이들은 마지못해 따라하는 듯하다. 내가 보아도 아가씨들의 옷차림이 민망한데, 어린 아이들은 어떤 생각을 담고 있을까.

이 날 운동회를 휴일에 한 것은 나름대로 의도가 있었을 것이다. 평상시에 부모와 아이들이 함께하는 시간이 없었으니, 부모도 참석할 수 있도록 배려를 한 것이다. 행사를 이벤트 회사에 의뢰를 한 것도 짐작하건대 학부모도 초청하고 했으니 유치원 측이 좀 더 알차게 행사를 하기 위해 그렇게 했을 것이라고 생각했다.

그러면서도 오늘 행사의 여러 모습이 의심을 가지게 한다. 유치원 측은 아이들과 학부모를 위한 것이라고 하지만, 유치원이 세를 과시하기 위한 것이라는 느낌도 지울 수 없다.

말할 것도 없이 오늘의 주인공은 아이들과 선생님, 그리고 가족들이다. 그러나 오늘 행사에는 아이들은 없는 듯하다. 중간 중간 연결 어미를 필요 이상으로 길게 발음하고, 서술어를 이상하게 힘주어 말하는 사회자는 아이들 행사에 어울리지 않는다. 또, 응원을 주도하는 짧은 치마의 아가씨들도 오늘 행사의 성격을 흐리게 하고 있다. 오늘 행사에는 매일 돌보아주시던 선생님도 없었고, 엄마, 아빠도 뒷전이다.

주인공들이 뒷전으로 물러나고, 이벤트 회사가 주도하는 운동회는 결국 이상한 모습으로 변질되어 가기 시작했다. 처음에는 돼지 저금통을 주걱으로 몰고 가기, 캥거루 뛰기 등 어른 아이 할 것 없이 모두가 흥미롭게 했다. 어른들도 모처럼 동심으로 돌아온 듯했다. 하지만, 아이와 함께 경기를 하는 부모들이 점점 이상해져 갔다. 처음에는 점잖게 하는 듯하더니, 경쟁 심리가 작용해서 서서히 과열되기 시작한다. 아이와 함께 손을 잡고 뛰어야 하는 경기인데, 아예 아이를 안고서 뛰는 부모가 있다. 어떤 엄마는 마음이 급해 반환점을 돌지 못하고 되돌아 왔다. 아이의 손을 거칠게 잡고 뛰는 부모가 늘면서 위험한 상황도 만들어졌다.

전문 사회자가 과열된 분위기를 잠재우기 위해 가족 모두 하나가 되는 큰 공 굴리기를 하자고 분위기를 이끌었지만 이도 역시 실패였다. 이 게임은 아이와 아이들의 부모가 함께하는 것으로 오늘 행사 중에서 가장 아름다운 모습이 연출될 듯했다. 경기도 흥미진진했다. 청군이 앞서기도 하고, 백군이 앞서기도 하면서 아이들은 목이 터져버렸다.

그런데 또 사단이 났다. 뒤에 처져 있던 가족의 아버지가 결승점을 저만치 두고 굴리던 공을 발로 힘차게 차버렸다. 그 아저씨는 멀리서 봐도 몸집이 보통 사람보다 컸다. 공이 워낙 가벼워 무게도 없는 것인데 힘에 의해 어린아이들을 덮쳤다. 행사장 분위기가 험악해진 것 같다.

경기가 모두 끝나고 운동장에는 축포가 터지고 승자에 대한 박수가 터져 나왔다. 사회자는 청군이 이겼다고 박수를 쳐주라고 했다. 그러나 오늘 경기는 승자도 패자도 없었다. 오히려 모두가 패자가 되어버린 슬픈 날이었다. 난 찬찬히 어린 아이들의 얼굴을 보았다. 저 깨끗한 아이들의 눈망울이 어른들의 모습을 어떻게 보고 있을까. 오늘 아버지, 엄마와 운동회를 하면서 무엇을 배웠을까.

운동 경기는 단순히 몸을 움직여서 땀을 흘리는 것에 있지 않다. 경기에는 규칙이 있고 이 규칙을 지키면서 정정당당하게 승부를 겨루었을 때 아름다운 모습이 만들어진다. 운동 경기는 이긴 사람은 이긴 사람대로 성취감을 맛볼 수 있지만, 정정당당하게 했다면 진 사람은 진 사람대로 최선을 다했다는 마음과 훗날 도전하고 싶은 마음을 심어준다는 점에서 의의가 있다.

운동 경기 뿐만이 아니다. 우리는 이웃과 함께 살면서도 규칙을 지키는 일에 소홀히 한다. 애완견을 기르는 일로 이웃 간의 말다툼이 살인을 부른 경우가 있는데, 이 또한 공동 주택의 규칙을 지키려는 노력만 있었다면 아무 문제가 없는 것이다. 먹는 음식에 속임수를 동원하고 그로 인해 큰 이익을 보려는 것도 모두 규칙을 소중히 생각하지 않는 버릇이 키운 것이다.

얼마 전에 『내가 배워야 할 모든 것은 유치원에서 배웠다』라는 책이 많이 읽혔다. 실제로 우리는 거대한 사회를 살아가는 지혜와 규칙을 어른이 되어서 배우는 것이 아니라, 유치원이라는 작은 사회에서 배운다.

주걱을 이용해서 돼지 저금통을 몰고 가는 게임이라면 조금 뒤처졌어도 발로 차서는 안 된다. 한 발짝 더 다가서서 정정당당하게 주걱으로 경기에 임해야 한다. 정해진 규칙을 어기다보니 게임이 엉망이 되듯, 하찮은 규칙도 어기면 우리 사회는 점점 거칠게 변한다.

아이들을 잘 키우고 싶다면, 아이들에게 바르게 사는 모습을 보여주어야 한다. 사는 모습은 틀에 박힌 교과서로 되는 것이 아니다. 지금이라도 무엇을 가르치려 하지 말고, 아이들에게 무엇을 보여줄 것인지 생각하고 행동해야 한다.

왜 문학을 공부하는가

간혹 문학을 왜 공부하는지 물어오는 학생들이 있었다. 그 때마다 나는 그들의 진지한 눈빛에 빨려 들어가 내가 알고 있는 모든 지식을 동원해 대답을 하곤 했다. 그런데 요즈음은 학생들이 '왜'라는 부사를 앞에다 붙이는 질문을 해온다. 즉 "왜 문학을 공부하냐"는 것이다.

이 질문도 언뜻 들으면 앞의 질문과 똑같이 들리지만, 두 질문은 엄연히 다른 것이다. 앞의 질문이 앎에 대한 목마름에서 발로된 것인데 반하여, 뒤의 질문은 모든 것을 부정하고 있는 시각이다. 지금은 정보화 물결이 전 세계를 뒤덮고 있는데 굳이 시대에 뒤떨어진 문학 타령을 하고 있으면 되겠느냐는 것이 뒤 질문의 요지이다.

이 질문이 공부하는 학생들이 하기엔 당돌한 면이 없지 않으나, 실리적 이치를 따진다면 당연한 말이다. 질문을 던지는 학생들의 말대로 21세기의 정보화 사회를 살아가는데, 문학 공부는 별로 도움을 못 주는 것이 사실이다. 어릴 때부터 컴퓨터 앞에 앉아서 인터넷을 즐기고, 영어공부 등이나 열심히 하면 되지, 밤을 밝혀 소설이나 읽고, 현란한 상징으로 장식된 시의 감동에 얽매여 있는 것은 구시대의 사고방식이라는 것이다.

그러나 이러한 판단이 다 맞는 것인지는 생각해볼 필요가 있다. 이미 식상한 표현이 되었지만 인간은 빵만으로 살 수 없다는 소박한 아포리즘을 떠올려보자. 곧 빵은 우리의 육체적 양식이다. 즉 정보화 기술은 인간에게 빵 이상의 의미를 넘지 못한다.

오늘날 인류의 눈부신 발전도 결국은 인간이 빵만으로 살려고 하지 않고, 끊임없는 정신의 영역을 고도화하고 그 확산된 정신의 영역을 융합해 문화의 성장을 거듭해온 결과이다. 실제로 문학공부는 육체를 살찌우지는 않지만, 인간의 의식세계와 긴밀한 함수관계에 있기 때문에 먹는 빵보다 더 절실하게 필요한 것이라 할 수 있다.

사실 컴퓨터는 인류가 풍요롭게 살아가기 위한 문명의 이기에 지나지 않는다. 아니 컴퓨터는 오히려 중앙집권적 행정체제의 가속화, 획일화, 대형화를 주도하면서, 인간의 무력화와 비인간화를 더욱 부채질하고 있다. 반면 문학의 세계는 컴퓨터로는 도달할 수 없는 인간에 대한 진실한 삶의 영역이 자리하고 있다. 문학은 우리의 주변에 펼쳐지는 일상의 갈피를 새로운 눈으로 볼 수 있게 하고, 또 그 세계에 한없이 감동으로 빠져들게 하는 힘이 있다.

흔히 21세기를 인터넷과 개인 휴대통신 등의 발달로 전 세계가 하나의 통화권에 있게 된다고 선전하고 있다. 하지만 그것은 물리적인 선(線)의 연결에 지나지 않는다. 진짜 전 세계인의 마음을 연결해 주는 것은 문학이다.

문학이야말로 시간과 공간을 뛰어넘어 우리를 존재하게 하는 인류 문화의 꽃이다. 과학문명이 지금까지 한계점 내지는 문제점을 야기했던 것처럼, 컴퓨터는 변화된 세상에서는 무용지물이 되어버릴 수도 있다. 그러나 문학은 인간의 보편적 정서를 다루기 때문에, 얼굴색이 다르고 언어가 다른 사람끼리도 그리고 시대에 관계없이 사고 공유를 위한 수단으로 자리할 수 있다.

오늘날 컴퓨터는 강자와 약자의 경쟁 윤리를 더욱 가속화하고 있다면, 문학은 공간을 뛰어넘어 전 세계인의 수평적 관계를 유지하고 있으며, 시간적으론 영원한 종적 관계를 형성하여 인류의 문화 발전의 축으로 전수되고 있다.

우리는 그동안 선진국에 뒤지는 경제를 이끌면서 가시적 결과에 치중한 논리만 앞세웠다. 이제는 사고를 전환해 볼 필요가 있다. 즉 소위 말하는 국가 경쟁력 강화를 위해 영어공부와 컴퓨터만 열심히 하면 된다는 흑백 사고를 버려야 한다. 인류가 오늘날 풍요롭게 살아가는 근간이 되는 기계 문명도 결국 알고 보면, 인간의 보편적 진리를 탐구해온 결과의 산물이었다.

요즈음 시대의 변화로 문학을 포함한 인간의 보편적 가치를 추구하는 인문과학 지식을 등한시하고, 눈에 보이는 상품적 가치에 매달리다 보니 정보를 비롯한 기술적 가치가 모든 것을 해결해주리라 맹신하는 경향이 만연되고 있다. 그 결과 사회는 생존의 각축장으로 변했다. 따라서 각박한 생활 여건으로 사회 구성원 사이에 긴장과 갈등이 얽혀 있고, 나아가 모든 사회 문제의 원인으로 작용하고 있다.

21세기의 정보사회일수록 우리에게 필요한 것은 따뜻한 인간의 삶의 방식이다. 지금 우리는 '사이버(Cyber)' 공간의 바다에 서 있다. 사이버 공간이란 무엇인가. 그것은 말 그대로 '보이지 않는 세상'이다. 보이지 않는 세계에서 상대방을 움직일 수 있는 것은 우리의 마음이다. 우리의 따뜻한 마음이 떠다니며 움직이는 세상이 사이버 세상이다.

　역설적으로 들릴지 모르겠지만, 변화되는 세상에 접근할수록 우리는 고리타분하다고 생각되는 문학의 성벽에 몸을 기대어야 한다. 우리의 마음은 빠른 속도로 눈앞에 나타나는 컴퓨터의 화면 속에서 방황하며 퇴색되어 가고 있다. 우리의 삶을 따뜻하게 하고 그 심미의 세계로 인해 인간이 보다 인간다워질 수 있기 위해서는 문학 공부를 해야 한다.

　일제시대에도 우리 민족의 정신을 지켜준 문학. 문학은 어두운 가운데 빛을 발하는 한 줄기 햇살이다.

외도(外道), 단단한 삶 빚는 즐거움

술자리에서 영화 〈미녀는 괴로워〉로 단번에 스타가 된 '김아중'이라는 배우 이야기가 시작되었다. 가장 먼저 입을 연 사람이 이 영화의 흥행 성공은 여배우의 생명인 아름다움을 버리고 과감히 뚱녀로 변신한 것이 관객들에게 크게 부각되었다고 평했다. 어떤 이는 김아중의 뛰어난 노래 실력을 영화의 성공 요인으로 꼽았다. 그리고 배우 김아중은 가수로 '외도'를 할 생각이 없다는 인터뷰까지 했다는 객담이 오갔다.

이 말꼬리 끝에 갑자기 화제가 엉뚱한 '외도'로 변했다. 우스갯소리로 저마다 아내가 모르는 '외도 무용담'을 늘어놓았다. 평상시 걸음걸이도 불량해 보이는 친구가 외도는 남자의 전유물이라고 허풍을 떨었다. 자신의 잘못보다 세상을 탓하는 친구도 있었다. 세상에 온통 성적 매력이 넘쳐나는 여성들로 가득하니 어쩔 수 없는 것이란다. 어떤 이는 아내에게 들켜서 끝까지 잡아뗐다는 일화도 공개했다.

그러더니 갑자기 나에게 화살이 왔다. 나는 샌님이기 때문에 '외도'의 경력이 없을 것이라고 했다. 한쪽에서는 모르는 소리라며 얌전해 보이는 사람이 더 화려한 경력이 있을 것이라고 저들끼리 찧고 까불었다.

술자리에서 농담이 오고 간 것이라 말참견은 안했다. 실제로 나는 육체적 욕망의 늪에 빠졌던 외도가 없었기 때문에 할 말도 없었다. 그런데 외도가 꼭 그런 의미만 있는 것일까. 즉 외도는 '바르지 아니한 길이나 노릇'을 의미하기도 한다. 그렇다면 나의 외도도 화려하지는 않지만 꽤 오랜 경력이 있는 것이다. 지금 여기에 그때의 일을 고백하기는 부끄럽지만 젊은 날에는 날이 새는 줄 모르고 놀았다. 술을 좋아하지는 않았지만, 친구가 좋았고 노는 것이 좋아서 아내에게 거짓말도 여러 번 했다.

또한 연기 경력 50년의 탤런트 이순재가 딱 한 번 '국회의원'으로 외도를 한 적이 있다고 말한 것처럼, 본업을 떠나 다른 일에 손을 대는 것도 '외도'라고 한다. 이런 것이라면 나의 외도에 대한 고백도 이야깃거리가 된다.

먼저 문단에 입성하면서 수필 문학의 세계에 흙이 되고 거름이 되는 것을 스스로 다짐했다. 그때 너나 할 것 없이 수필로 발을 들이고 문단에서 시로 장르를 옮겨 타는 이들이 많았다. 수필 문학은 자유로운 형식의 속성이 있다. 이 때문에 수필을 가벼이 보고, 문학의 이단아로 취급하는 글쟁이들이 있었다. 그러다 보니 저마다 수필가의 면류관보다는 시인이나 소설가의 이름을 듣기를 원했다. 나도 한때는 시인의 이름을 탐내볼까 마음먹었지만 참았다. 외도는 지조를 버리는 것 같았기 때문이다.

그런데 수필의 문학 영역을 벗어나지는 않았지만, 잡문을 쓰면서 문학의 영역을 벗어났으니 외도를 했다고 해야 할 것이다. 아주 오래 전, 4년 동안 수원시정 신문에 '우리말 산책'이라는 고정 칼럼을 연재했다. 일상에서 잘못 쓰고 있는 우리말 표현을 바로잡고, 올바른 우리말 쓰기 제언을 했다. 당연히 이 때는 연재에 밀려 수필 쓰는 것을 소홀히 했으니 외도의 배를 타고 흘러간 것이다.

연재가 끝나기 무섭게 이번에는 방송 출연으로 바빴다. 경기방송(FM 99.9)에서 '문학 산책'이라는 꼭지로 매주 출연하여 문인들의 삶에 대해서 방송을 했다. 문인들의 문학뿐만 아니라 그들의 사랑 그리고 그들의 아픔까지 1년 가까이 청취자들을 찾아갔다.

처음엔 녹음 방송을 했지만, 방송국의 방침이 생방송으로 바뀌면서 학교 수업이 뒷전일 수밖에 없었다. 생방송을 위해서 수업을 비우고, 어느 때는 비상등을 켜고 학교에서 방송국까지 갔다. 청취자와 약속한 시간에 내 목소리는 나와야 하기 때문에 학교생활이 오히려 뒤로 밀려나갈 때도 있었다.

하지만 외도는 늘 돌아오는데 매력이 있는 것이 아닐까. 바르지 않은 길이든지 아니면 다른 일을 하든지 그것은 잠시 방황하다가 처음으로 되돌아오는 것이다. 만약 본업을 버리고 완전히 돌아섰다면 그것은 외도가 아니라, 전업(轉業)이라고 해야 할 것이다.

나는 이제 외도를 끝내고 돌아왔다. 외도는 때로는 상처를 안기지만 성숙한 삶을 빚기도 한다. 돌이켜보니 나에게 외도란 새로운 탐색의 과정이었다. 잡문을 낮잡아 보기도 했지만, 수필보다 잡문은 역동적이었고 자유로운 말하기의 매력이 있었다. 우리의 언어생활을 성찰하고, 바른 언어생활을 추구하는 글쓰기는 내가 평생 걸어가고 싶은 길이 되었다. 방송 일도 마찬가지다. 관념의 상상물인 문학을 이해하기 위해서 작가의 개인적 삶을 들여다보는 것은 문학이 어려운 사람들에게 큰 도움의 물줄기였다. 그것을 라디오라는 매체를 통해서 확인하는 작업은 더욱 흥미가 있었다.

영화 〈미녀는 괴로워〉의 흥행 요인에 대해 여러 이야기가 나왔지만 내가 생각하기에는 시나리오부터 감독 그리고 스텝, 배우 모두가 피와 땀을 흘린 노력의 산물이다. 들리는 이야기로는 김아중은 매일 4시간에 가까운 특수 분장을 했다고 한다. 가수가 아닌 배우가 가수 역할을 하려고 했으니, 노래 연습 또한 목이 아프도록 했을 것은 당연한 일이다.

나란 위인도 아주 평범한 사람이다. 특별한 재능도 없다. 그저 가진 것이 있다면 삶에 대한 성실성, 그리고 일에 대한 집중력뿐이다. 그런 내가 여기까지 온 것도 모두 이런 것이 밑거름이 되었다. 앞에서 잡문 쓰기와 방송일을 외도라고 했지만, 사실은 이 모두가 본업인 가르치는 일을 열심히 하다보니 만들어진 언덕이다. 그래서 나는 오늘도 외도의 줄타기를 즐긴다. 외도를 하면서 삶의 확장을 즐기고 있는 것이다.

·행·복·한·바·보·의·
·지·혜·로·운·삶·

3
찬란한 슬픔의 봄

·행·복·한·바·보·의·
·지·혜·로·운·삶·

조금 참고 기다리는 마음이 필요하다

내가 근무하는 학교의 화단이 죽어가고 있다고 야단이다. 교장선생님이 직접 나무를 보살피시고, 기사 아저씨들은 땀을 흘리며 잔디밭에 매달려 있다. 교감선생님께서는 직원 협의회 시간마다 아이들이 화단을 밟고 다니지 않도록 지도해 달라고 호소하신다. 급기야 선생님들도 아이들이 화단 근처에 얼씬 못하게 하려고, 뒷짐을 지고 번을 서는 지경까지 이르렀다.

이렇게 정성을 기울여도 이놈의 화단이 시름시름하기는 마찬가지다. 잔디는 비가 온 뒤에도 파릇파릇한 기색이 없고, 누렇게 부황난 것이 한두 개가 아니다. 잔디뿐만이 아니다. 화단에 같이 서 있는 몇 그루 나무들도 거름을 제법 먹였는데도, 봄이 한창일 때 꽃이 피는 둥 마는 둥 하고 지나왔다.

이를 두고 말도 많았다. 먼저 입을 연 사람은 농촌 출신 선생님이었다. 농촌 출신답게 토양을 문제 삼았다. 화단의 흙이 좋지 않아서 식물들이 자라지 못한다는 것이다. 이에 대해 도시에서만 살았던 선생님들은 고개를 끄덕였다. 과학 선생님은 그렇지 않았다. 과학 선생님은 잔디와 나무의 몸살은 대기 환경오염과 이상기온으로 생긴 현상이라고 꼬집었다. 나서기 좋아하는 선생님은 품종이 나쁘고, 벌레를 잡아주지 못한 탓이라고 우기기도 했다. 이런 와중에 나란 위인은 입도 벌리지 못했다. 나는 꽃과 나무를 보고 감탄할 줄만 알았지, 그것을 기르고 가꾸는 데는 애당초 아는 것이 없었기 때문이다.

그런데도 나는 화단에서 눈을 뗄 수가 없었다. 우리 학교에서 유일한 녹지공간인 이 화단이 앓고 있는 것이 안쓰러웠다. 며칠째 화단 주변을 서성거렸다. 지성이면 감천이라고 하더니, 화단이 죽어가는 이유도 알아냈다.

우리 학교는 아파트 단지 내에 있는 신설 학교다. 주위는 온통 아파트가 숲을 이루고 있다. 학교도 마찬가지다. 건물만 덜렁 앉아 있었지, 운동장에 큰 나무 하나 없었다. 자연히 운동장은 그늘 한 점 없었고 뙤약볕 천지였다. 아니 애초에 나무가 없는 것은 아니었다. 개교를 하면서 운동장을 고르고 사방 귀퉁이에 큰 나무를 듬성듬성 심었는데, 이것들이 제대로 자라지 않고 있다. 옮겨올 때 뿌리를 제대로 떠 오지 않아서 웃자라고 있었다. 나이를 먹어도 덩치도 커지지 않고 있는 듯하다. 몸뚱이에 가는 줄기도 죽죽 뻗어서 무성한 몸통으로 그늘을 만들어야 할 텐데, 아직 제 몸도 못 추스르고 있는 형편이다.

그러다보니 여름 문턱에 들어서면서부터 아이들이 운동장에 그늘이 없다고 짜증을 내기 시작했다. 체육 시간에는 앉아 쉴 곳이 없다고 체육 선생님을 향해 불경스런 태도까지 보였다고 한다.

사태가 여기까지 이르자, 학교에서 그늘 만들기 공사를 시작했다. 건물 앞에 있는 화단과 운동장 경계에 있는 스탠드에 제일 먼저 은백색의 스테인리스 기둥을 세웠다. 그리고 새의 날갯죽지를 연상케 하는 버팀 기둥을 여러 개 연결하고, 지붕을 완성했다. 지붕으로 만들어진 차광막은 재질이 초록빛이고, 구조물 전체가 하늘로 날아갈 것처럼 멋을 부리고 있다. 운동장을 바라보면 나무가 듬성듬성해서 늘 황량한 느낌이었는데, 차광막이 자리하면서 제법 운치 있는 분위기도 났다. 휴식 시간에도 차광막 아래로 아이들이 삼삼오오 몰려들었다. 비 오는 날은 비를 피하는 장소로도 쓰였으니 모두가 흡족해 했다.

그런데 이 차광막이 스탠드에 그늘을 만들기만 하는 것이 아니었다. 화단 바로 앞에 위치한 차광막은 오전 내내 화단으로 쏟아지는 햇빛을 막는 역할을 했다. 즉 저 멀리 동쪽에서 떠 오른 해가 차광막 지붕에 오면 45도 경사에 그늘을 만드는데 그곳이 화단이었다. 그러다보니 차광막 뒤에 자리한 화단은 오전 내내 햇살도 없는 암흑에 있어야 하고, 그늘이 옮겨가기 전까지는 추위에 떨어야 했다. 햇빛을 못 받고 있는 화단의 나무와 꽃은 모두가 시들시들하고, 생명력이 강한 잔디조차도 맥을 못 추고 있었던 것이다.

우리 학교만이 아니었다. 내가 근무하는 주변의 학교들은 모두 아파트 단지가 만들어지면서 문을 열었다. 그렇기 때문에 학교의 건물은 깨끗했지만, 운동장에는 우람한 나무 한 그루 없었다. 한 학교가 차광막으로 그늘을 만들어 쓰기 시작하니, 모두가 따라했다. 급기야 차광막 뒤에 자리한 화단이 몸살을 앓고 있는 것도 모두 똑같았다.

그늘을 만들기 위해 큰 돈을 들여 만든 차광막을 보니, 옛말이 생각난다. '수즉재주(水則載舟)하고 수즉복주(水則覆舟)'란 말이다. 이 말을 새기면 '물은 배를 싣기도 하지만 배를 엎어지게 하기도 한다' 는 뜻이다.

차광막은 우리가 필요로 하던 그늘을 제공했다. 그러나 우리는 지금 생각지도 못했던 화단의 잔디와 꽃나무들을 잃고 있다. 차광막뿐만이 아니다. 오늘날 우리의 삶은 매사에 기계의 편리성에 취해서 자연과 인간의 세계를 모두 기계론적으로 사고하고, 스스로의 덫에 빠져 괴로워하고 있다. 어느 한 쪽의 장점에 매료되어 다른 한 쪽이 줄 수 있는 피해를 생각하지 못하고 살아온 결과이다.

그렇다고 이 시점에 현대 생활에서 추구하는 개발의 중요성을 부정하거나 무조건 나쁘다고 말하는 것은 아니다. 재앙을 막기 위해 항상 양면을 볼 수 있는 지혜를 갖도록 하자는 것이다. 합리성과 편리성을 추구하면서, 인간에게 영원히 아름다움을 줄 수 있는 것은 무엇인가 고민을 하자는 것이다. 차광막도 그 출발은 우리에게 당장 필요한 현실만 반영된 물체이다.

화단 모서리와 나란히 서있는 차광막을 보고, 우리는 박수를 치며 완공 기념식까지 했다. 하지만 지금은 자꾸 후회의 서랍만 여닫힌다. 너무 조급하게 차광막 공사를 한 것 같다. 조금 참고 나무를 심었으면, 어땠을까? 그리고 기다렸으면 나무가 무럭무럭 자라서 넉넉한 그늘을 만들었을 것인데. 차광막 아래가 더 뜨겁다고 투덜거리는 아이들을 보면서, 어른들이 좀 더 진득이 생각하지 못했던 것을 후회하고 있다.

또 다른 '왕의 남자'를 꿈꾸며

얼마 전 영화 〈왕의 남자〉가 관객 천만을 돌파하는 기록을 달성해서 여기저기서 입을 모았다. 저예산의 영화가 성공을 했다. 스타도 없는 비주류들의 작품이었다. 〈쉬리〉, 〈태극기 휘날리며〉, 〈웰컴 투 동막골〉 등은 분단이라는 소재에 엄청난 제작비를 투자했지만, 〈왕의 남자〉는 이러한 공감대가 전혀 없으면서 흥행 대박을 기록한 작품이다.

이에 대해 전문가들은 나름대로 성공요인을 분석했다. 이미 연극에서 검증된 탄탄한 드라마 구조와 광대극이 볼만했다. 꽃미남 신드롬을 불러일으킨 이준기의 매력이었다. 그러나 이것이 〈왕의 남자〉의 엄청난 흥행을 설명하지는 못한다. 사실 시나리오가 튼튼한 것은 이것보다 다른 영화들도 많았고, 볼거리도 이 영화보다 더 우수한 것이 많았다. 필자가 영화 전문가는 아니지만, 사실 어떻게 보면 이 영화는 특별한 성공 요인이 없다. 위에서 전문가들이 입을 모았지만, 그러한 어설픈 이유가 관객 천만을 끌어들였다고는 보이지 않는다. 이 영화가 성공한 것은 관객을 끌어들인 것이 아니라, 관객이 하나둘 모여든 것이다. 어쩌다 500만이 넘고 나니, 남들 다 보았다는데 나만 빠질 수 없어서 모여든 것이다.

그렇다면 무엇이 그들을 모이게 했는가. 나름대로 분석을 해

보면, 광대라는 비주류들이 벌이는 위험한 장난을 보기 위해서이다. 누구나 꿈꾸고 있는 절대 권력에 대한 비판이 세대를 넘어 모두의 가슴에 감동을 울린 것이다. 사실 우리는 너무나 오랫동안 권력의 힘에 억눌려 살아 왔다. 말하고 싶어도 말하지 못하고, 큰 기침에 작게 움츠려 들어가야 했다. 힘에 도전하는 것은 목숨을 거는 것이기에 상상도 못했다. 하지만 〈왕의 남자〉는 힘 없는 천박한 광대가 이러한 힘에 도전하고 시원하게 한바탕 노는 카타르시스를 만들어냈다. 광대들은 신명나는 춤판을 벌인다. 권력을 풍자하고, 민중의 울분과 체념을 춤으로 표현한다. 그들은 삶의 한을 풀어내는 집단적인 신명의 풀이를 하면서 한국 영화사에 기념비를 세웠다.

나는 〈교육마당21〉의 명예기자가 되면서 '왕의 남자'가 되는 꿈을 꾼다. 영화 〈왕의 남자〉에 광대들은 노는 마당이 있었듯이, 〈교육마당21〉에도 '마당'이 있다. '마당'은 집이라는 공간에서 다양한 목적을 충족시키기 위해 마련된 공간이다. 일을 하는 주 무대이며, 쉴 때는 가족끼리 정담을 나누는 정서의 공간이다. 마당은 아침이면 늘 청결한 곳이지만, 잔치가 벌어지면 너저분하기도 하다. 마당은 사람들이 모여서 정보를 주고받기도 한다. 주인공과 관객이 어울려 경계를 넘나드는 열린 공간이다. 이러한 마당은 우리의 전통 문화 공간으로 확대되기고 했다. 마당놀이라고 하는데 이 마당에는 주인이 따로 없다. 모두가 객이면서 주인이고, 모여서 노는 흥겨움의 공간이다.

〈왕의 남자〉는 주인공이 왕도 아니다. 이름 없는 광대들이다. 이 영화에서 감독도 배우도 모두 비주류였는데 힘을 발휘한 비주류의 위대함을 새삼 느낀다. 그뿐이 아니라, 영화에서는 조연이 성공한 예가 많은데 이 영화도 예외는 아니었다. 조연은 비록 주연보다 주목받지 못하지만 극의 생기와 재미를 주어 영화를 더 재미있게 만든다. 영화의 감초 중의 감초다. 이런 이유로 최근 우리 영화는 조연 캐스팅에 비중을 두고 있다.

명예기자도 사실은 비주류이자 조연이다. 기자가 고정되고 정형화된 양식을 지녔다면, 명예기자는 규정된 양식을 깨뜨림으로써 새로운 성과를 기대해 보는 자리이다. 명예기자는 오히려 정해진 한계가 없이 열려 있는 것이기에 역할과 능력이 무한한 것이다. 어설프지만 맛이 있는 탄탄한 연기력을 갖춘 개성만점의 조연들이 필요한 것처럼 명예기자도 오히려 서툴러도 상관없다. 거친 숨소리도 매력으로 담길 것이다.

21세기의 문화코드는 주류가 없고 대중이 주인공이 되는 시대이다. 전 국민을 이끌고 있는 '붉은 악마'도 모두가 구경꾼이었다. 그들은 수동적이고 소극적인 구경꾼에서 자발적이고 적극적인 참여자로 성장하면서 한국 축구를 한 단계 끌어올렸다. 지난 대선에서 희망의 씨앗 뿌렸던 '노사모'도 자발성의 미학을 구현하고 성공한 사례이다.

마찬가지로 〈교육마당21〉의 명예기자도 새로운 문화를 창조하기를 바란다. '붉은 악마'와 '노사모'가 축구장과 대선을 축제의 공간으로 만든 것처럼, 우리 교육계에 새로운 담론을 제공하기를 기원한다. 〈교육마당21〉 명예기자들이 열정의 깃발을 드높이면서 독자들에게 꿈과 희망을 주고, 현장 참여의 진수가 무엇인지를 유감없이 보여주기를 꿈꾼다.

(교육부에서 발행하는 잡지 〈교육마당21〉의 명예기자를 시작했습니다. 잡지사의 청탁으로 쓴 글입니다.)

양복을 입고 다니는 이유

주변 사람들에게 취조 당하듯 받는 질문이 하나 있다. '왜 양복을 입고 다니냐'는 것이다. 이들의 대부분은 양복을 꼬박꼬박 입고 다니는 것이 궁금해서 묻는다. 그러나 이 중에는 간혹 나의 옷차림이 겉치레라는 의도를 드러내려고 묻는 사람이 있다. 그들은 양복을 입고 다닐만한 점잖은 자리도 아닌데, 굳이 넥타이를 걸고 다닌다고 지적한다. 간혹 예의를 지킨다고, '안 더워요?' 하면서 완곡한 표현법을 구사하는 사람들도 있지만, 그들 역시 내가 양복을 입고 다니는 것에 대해서 낮잡게 보려는 태도는 동일하다.

   이런 질문을 받고 나는 특별한 대답을 한 적이 없다. 왜냐하면 이 질문은 특별한 대답을 들으려고 던진 것이 아니라는 것을 이미 내가 알고 있기 때문이다. 그런데 이제는 대응을 하지 않으면 안 되는 상황이 마구 돌아다닌다. 가장 먼저 양복차림은 구세대의 표상이라고 낮잡는다. 양복 입은 신사(?)들은 관습에 무게를 두고, 현실에 안주하는 창의성이 없는 세대라고 한다. 심지어 양복을 입는 직장인은 아날로그 세대이고, 반대로 자유로운 평상복 차림으로 일하는 사람들은 디지털 세대라고 한다. 계속해서 양복을 입지 않는 사람은 개혁 의식이 강하고, 양복을 입는 사람은 보수성이 강하다는 편 가르기도 서슴지 않고 있다.

이런 입놀림이 어처구니없는 것이니 대응할 필요도 없지만, 침묵하기에는 너무나 억울한 부분이 많이 있기에 조심스럽게 입을 연다. 가장 먼저 양복을 입는 이유를 곰팡스레 생각하는 것에 대해서 화를 내야겠다. 나는 대학 졸업 후 교직에 첫발을 디디면서 양복을 입고 다녔다. 따라서 나이가 들었기 때문에 양복을 입고 다닌다는 판단에는 동의할 수 없다. '아이들에게도 공경심을 가져야 한다. 가르치는 것 못지않게 예절을 갖추려는 마음이 중요하다. 그러려면 의복을 단정히 하는 것이 첫걸음이다' 라는 어머니 말씀을 따라 교실에 들어가는 첫날부터 양복을 입었다. 실제로 보통 집에서는 편안한 옷을 입고 생활하고, 운동을 할 때는 또 그 상황에 맞는 옷을 입듯이 양복은 학교에서 가장 잘 어울리는 차림새였다.

다음으로, 양복을 입게 되면 창의성이 없다는 엉뚱한 말을 하는 사람들이 있다. 그들은 양복을 입고 있는 사람들은 넥타이가 목을 죄고 있고, 형식에 둘러싸여 있어서 창의성을 발휘할 수 없다고 말한다. 무릎이 찢어진 청바지를 입어야 창의적인 사고가 무럭무럭 자란다는 것이다. 그래서 광고회사나 벤처회사는 직원들의 생산성 향상을 위해 아예 양복을 못 입게 한다는 것이다.

이 논리는 비판하기에 앞서 오히려 무서운 생각이 든다. 흔히 현대 산업사회는 생활의 유용성을 가져다주는 대신 인간성에 대한 극심한 왜곡현상을 가져주었다고 하는데, 옷을 입는 것을 생산성에 기대고 있으니 진짜 그렇다는 느낌이다. 이는 현대의 물질문명과 경쟁사회가 만들어 놓은 인간상의 하나가 아닐까. 현대인은 적자생존(適者生存)의 정글 속에서 하루하루를 힘겹게 헤쳐 나가다보니 이제는 옷 입는 것조차 산업 현장에서 살아남기 위한 수단으로 생각하고 있다.

　양복을 입지 않으면 디지털 세대라고 자랑하는 것도 반박해야겠다. 아니 이들에게는 반박을 하기에 앞서, 디지털의 속성을 경계하라고 충언하고 싶다. 디지털이라는 것도 결국은 0과 1의 단순한 반복이 만들어내는 기계적인 현상이다. 그렇다면 사람들도 점점 디지털의 속성을 닮아가게 될 것이고, 정신세계도 디지털의 0과 1의 조합처럼 단순한 반복에 익숙하게 된다.

　마지막으로 양복 차림을 보수라고 지칭한 것에 대해서 말해야겠다. 이는 논쟁거리로 두기도 부끄러운 것인데, 저들이 먼저 입을 열었으니 대꾸를 해 본다. 우선 과거에 평상복 차림으로 국회 등원 시도를 했던 사람이 개혁가임에는 분명하다. 하지만 국회에는 그보다 더 개혁적인 사상을 가지고 있지만 양복을 입고 있는 사람들이 많다. 주위에서도 양복을 점잖게 입고도 개혁의식이 있는 사람들이 있는가 하면, 양복을 입지 않고 있으면서도 보수성이 강한 사람들이 많다.

　나는 위의 하찮은 논쟁거리들을 모두 싸잡아 현대인이면 누구나 겪게 되는 정체성의 혼란이라고 규정하고 싶다. 찢어진 청바지를 입는 한때의 유행으로 자신의 가치관을 옮겨 오고, 다시 디지털 세대론을 펼치고 옷을 걸치는 것으로 개혁의 깊이를 재는 것은 혼란의 소용돌이 속에서 중심을 찾지 못하고 있는 현대인들의 모습이다. 현대인들은 급변하는 사회 속에서 편리성을 추구하고, 그 물결에 휩싸이면서 자신들의 중심을 잃고 있다. 개체가 가진 고유한 특성은 무시되고 가치관이 전도되고, 정신적인 불모와 실존적 허무 의식으로 궁극적인 삶의 의미와 절대적 가치를 찾지 못하고 있다.

그나마 나는 정체성의 혼란을 양복을 입는 것으로 극복하고 있다고 말하고 싶다. 양복을 입는 것을 가지고 정체성이 있는 것으로 비약했다는 눈총을 받을 수 있다. 그러나 한 개인의 정체성을 규정짓는 데 가장 중요한 것은 역시 일상적 삶의 방식이다. 그 사람의 성품이나 다른 사람과의 차이에 의해 발견되는 생활 습관, 특히 옷을 입는 것은 정체성 발견의 중요한 요인이다. 그런 의미에서 내가 말하는 정체성은 일관성과 동의어이다. 그것은 늘 흔들리는 일상에서 스스로 만들어 가는 삶의 과정이고, 일관된 신념의 과정이다.

혹자는 일관성과 정체성은 처음부터 끝까지 변화가 없다는 속성을 내세워 그 자체를 고정 불변의 속성으로 폄하하기도 할 것이다. 하지만 나는 그것을 나를 지키는 역동적인 과정으로 보려고 한다. 내가 양복을 입는 것은 느슨한 일상을 극복하고 명확한 인식과 한계를 경험하기 위한 노력이다. 나는 양복을 입는 순간 안으로는 의식을 견고히 하고, 밖으로는 적극적인 사회적 주체로 내 자신의 삶을 구축해 나가려는 실천 의지를 다진다. 내가 양복을 입는 것은 의식의 솟구침을 나타내는 것이요, 최종적으로는 정체성의 은유이자 상징의 표현 의지를 나타내는 것이다.

흔히 옷을 입는 방식은 그들이 사회에서 하는 역할과 때로는 그들이 하는 일의 종류를 나타내준다. 양복은 제복처럼 나의 신분과 직업을 나타내는 것 같아서 즐겨 입었다. 하찮게는 옷은 그 사람의 개성을 나타낸다. 내가 양복을 입는 이유도 개성의 당의(糖衣)이다. 그렇다면 이 개성을 존중할 줄 아는 마음이 필요하다. 이제는 제발 창의력이 없다느니, 우둔하다느니 하는 깎음질은 하지 않았으면 한다.

찬란한 슬픔의 봄

새학기가 시작되면, 아이들에게 제일 먼저 김영랑의 「모란이 피기까지는」이라는 시를 읽어준다. '모란이 피기까지는/나는 아직 나의 봄을 기다리고 있을 테요/……/모란이 지고 말면 그뿐, 내 한 해는 다 가고 말아/삼백 예순 날 하냥 섭섭해 우옵내다/모란이 피기까지는/나는 아직 기다리고 있을 테요, 찬란한 슬픔의 봄을'

영랑의 시가 대부분 그렇듯이 이 시도 섬세하고 영롱한 음악적 서정의 표현이 돋보인다. 이런 이유로 많은 사람들이 영랑의 시를 읊조리곤 하는데, 나도 이 시를 좋아한다. 세련된 우리말 구사와 은근하고 부드러운 정서 등의 조화가 마음에 와 닿는다. 특히 이 시의 마지막 구절 '찬란한 슬픔의 봄'은 되뇌면 되뇔수록 깊은 영혼을 울리는 매력이 있다.

나는 아이들에게 시를 읽어주고 '모란'은 여러 가지 꽃 중의 하나이면서 지상의 아름다움을 대표하는 상징적인 의미를 가지는 꽃이라는 설명을 했다. '봄'의 신비로움에 대해서도 말했다. 모든 것이 죽어버린 것 같은 겨울을 이겨내고 대지에 새로운 생명의 기운을 북돋우는 계절의 의미에 대해서도 말했다. 그리고 아이들과 함께 시를 읊조리면서 가슴 속에 소망과 희망의 씨앗을 뿌렸다.

　그러나 올 봄은 소망도 희망도 없는 슬픈 날이 시작되었다. 개학과 함께 언론에서 학교폭력에 대한 기사가 도배를 했다. 현직 교사가 일진회라는 조직이 있다고 폭로하면서 전국이 들끓었다. 상상을 초월하는 폭력의 유형이 제시되고, 피해에 대한 구체적 사례도 속출했다. 이에 편승해 언론에서는 학생들이 술집에서 공개 성행위를 즐기는 성적 일탈까지 하고 있다며 선정적인 보도까지 했다.

　참으로 슬픈 현실이다. 무엇보다도 학교에 폭력조직이 있다는 현실을 믿고 싶지 않았다. 그런데 학교에 어두운 폭력조직이 있다는 현실보다 우리를 더 슬프게 하는 일이 일어났다. 교육인적자원부가 학교폭력 신고 실적이 우수한 학교장과 교사에게 인센티브를 주겠다는 발표를 했다. 이 말은 학교폭력은 그럭저럭 눈감아 줄 준비가 되어 있으니 신고나 잘 하라는 말처럼 들린다. 몇 년 전에도 촌지를 받은 교사들이 자진신고를 하면 인센티브를 주겠다며 부산을 떤 적이 있다. 그때 이 일은 전국에 있는 교사가 모두 촌지를 받고 있는 것처럼 떠드는 꼴이 되었는데, 지금 학교폭력 신고센터 개설도 전국에 있는 학교가 모두 폭력조직을 숨기고 있는 것처럼 들린다.

　우리를 슬프게 하는 것은 이것뿐이 아니다. 작년에 교육부가 사교육을 잡고, 공교육을 강화하기 위한 방안으로 EBS 교육방송 제도를 도입한다고 했을 때 학교에 있는 교사들은 황당했다. 공교육을 정상화시키겠다면 당연히 학교교육에 대한 대책이 수립되어야 하는데 어이가 없다. 그래도 사교육을 잠재우기 위한 차선책이라고 생각해 보기도 했다.

그러나 올해도 들려오는 이야기는 고작 수능시험에서 EBS 수능강의의 실질적인 반영도를 높이겠다는 소리다. 오히려 지난해에는 상반기 수능 강의에 출제기관인 한국교육과정평가원이 제대로 참여하지 못했는데, 올해는 기획 단계부터 같이 하겠다고 자신감에 넘쳐 있다. 작년은 그런대로 급하게 일을 처리하다 보니 미처 생각이 모자랐다고 생각했다. 올해는 여유가 있었으니, 학교교육이 중심이 되고, EBS 수능강의는 보조역할만 할 수 있는 정책이 발표되기를 바랐지만 허사가 되었다.

답답하고 슬픈 현실은 언론도 거들고 있다. 신문에서 교수가 쓴 칼럼을 읽었다.

'강당에서는 조회 대신 미팅이 있었고 학생들은 제멋대로 앉아 심지어 다리를 꼬고 거의 눕다시피 의자에 앉아 그 시간을 때우고 있었다. 반장도, 학년 간 서열도, 줄서기도, 체벌도 없는 곳. 아, 인간 집단이 제식 훈련도 없이 이렇게 자유와 질서를 누리며 살아갈 수 있구나!'

위에 옮긴 글은 대학교수가 쓴 칼럼의 일부로 유학시절 미국의 학교에서 보았던 풍경을 제시하고 있다. 글에서 교수는 충격을 받았다고 고백하고 있는데, 글을 읽는 나도 입을 다물지 못했다. 부럽다. 미국이라는 사회가 부럽고 자유와 질서를 누리는 학교의 모습이 너무나 부럽다. 우리의 학교의 모습은 언제나 저렇게 변할 수가 있을까? 자괴감이 앞서기도 했다.

하지만 나의 이런 자괴감은 금방 분노로 변했다. 교수는 미국의 모습에 이어 우리나라의 상황을 '한국의 상황? 여전히 학교에서는 일제 잔재인 애국조회, 사랑의 매란 이름으로 자행되는 폭력, 서열화, 복장 및 머리에 가해지는 규격화된 신체적 억압

등을 비롯한 크고 작은 인권피해 및 비리가 매일 일어난다' 라고 적고 있다.

교수가 앞에 표현한 한국의 상황이 전혀 틀린 것은 아니다. 그렇다고 전적으로 다 바른 상황의 표현도 아니라는 생각이다. 적어도 내가 보기에는 우리 학교의 모습도 아름다운 면이 많다. 우리는 아직 교실에 학생들이 많기 때문에 나의 욕심보다는 남을 배려하는 마음이 필요하다. 그래서 때로는 나의 권리를 포기하는 아름다운 마음이 우리의 교실에는 익숙한 모습이다. 눈에 보이는 현상에만 얽매여 학교의 기능과 역할을 왜곡하는 일이 없어야 한다.

학교의 모습은 탓잡기 시작하면 한이 없다. 또 잘 보려고 하면 학교만큼 아름다운 곳이 없다. 내가 근무하는 학교는 올해 특수반이 만들어졌다. 이를 두고 선생님들과 학부모들은 걱정을 많이 했다. 그런데 막상 개학이 되니 예상이 완전히 빗나갔다. 누가 말하지 않았는데도 아이들은 서로 도와주고 있다. 특수반 아이들이 몸이 좀 불편한 것 외에는 학교생활을 하는 데는 아무렇지도 않아 보인다. 서로가 즐겁게 뛰어노는 광경을 보고 있으면 마음속에서 뜨거운 것이 올라온다. 사실 난 이 뜨거운 광경을 보고 싶어서 요즘 쉬는 시간이면 슬그머니 교무실에서 나와서 복도를 서성거린다.

학기초라 어수선한 가운데, 학교는 다시 교원평가제가 도입된다고 술렁거리고 있다. 교원평가제를 하지 말자는 주장은 하고 싶지 않다. 교육의 핵심이 되는 교원평가야 말로 교육의 질을 높이는 지름길이다. 문제는 방법이다. 1년에 한 번 수업공개를 통해서 교사들을 평가하겠다는 발상을 도저히 이해할 수가 없다.

1년에 한 차례 하는 반짝 수업 연구로 교사를 평가할 수 있을지 의문이다.

　영랑은 가장 사랑하는 꽃의 소멸은 곧 모든 보람이 무너지는 것이라고 했다. 그러나 영랑은 또다시 봄을 기다린다. 물론 영랑은 다시 돌아오는 봄도 지나가는 것이며, 새로 피어날 모란도 곧 떨어진다는 것을 안다. 그러기에 그 봄은 슬픔의 봄이기도 하다. 그렇지만 아름다움을 삶의 가장 높은 가치로 삼는 그에게 봄은 삶의 유일한 보람이다.

　앞에서 돌이켜본 것처럼, 최근 교직 생활이 점점 더 어려워진다는 것을 느낀다. 그러면서도 나는 늘 3월이면 설레는 마음을 버릴 수 없다. 모란이 지듯이 나의 기대와 희망이 곧 시들해지는 것을 알면서도, 아이들과 함께 하는 삶은 나에게 가장 아름답고 소중한 것이기 때문이다. 영랑이 '찬란한 슬픔의 봄'을 기다린 것처럼 나는 오늘도 봄을 기다린다. 새로운 시작을 꿈꾸는 봄을 기다린다.

이웃과 더불어 사는 행복한 삶

우리가 사는 아파트 라인에 신혼부부가 이사를 왔다. 우리 아파트는 큰 아파트는 아니지만, 제법 인생을 많이 산 사람들이 살고 있다. 이런 곳에 신혼부부가 이사를 온다니 모두가 부러워했다. 그것만이 아니었다. 건축한 지 5년도 안 되는 새 아파트를 뜯어 고치고 들어오자 모두가 관심을 보였다. 베란다가 개조되고, 욕조도 고급 돌로 교체되었다. 마룻바닥도 고급 목재로 단장을 했다. 집이 아늑해 보이는 장밋빛 싱크대는 아파트 아줌마들이 모두 부러워했다.

공사를 일주일이나 넘게 하니 자연 시끄러웠지만, 이웃들은 제법 참을성을 보였다. 오히려 확인되지 않은 소문을 나누면서 신혼부부가 이사 오는 날을 기다리는 듯했다. 누가 시작했는지 모르지만, 시댁이 부자라는 소문이 먼저 돌았다. 그러더니 다시 신부네 집의 농지가 택지개발에 편입되어 땅 부자가 되었다는 소문을 퍼뜨렸다. 엊그제는 신랑이나 신부가 둘 다 전문직에 종사한다는 소문이 돌았고, 이제는 젊은 부부가 미남, 미인이라는 소문까지 돌았다.

드디어 이사 오는 날이 되었다. 베란다 창문으로 이삿짐 옮기는 소리가 들리는데, 신혼부부치고는 짐이 많았는지 한나절을 넘게 하는 듯했다. 이사가 끝날 무렵에는 말다툼하는 소리까지 들린다. 이삿짐을 옮기다 혹시 귀중품을 잃었거나 아니면, 아끼는 살림이 금이라도 났나 싶었는데 아니었나보다. 말다툼하는 소리가 좀처럼 수그러들 생각을 않고, 급기야 험한 소리가 오간다.

싸우는 이유는 간단했다. 신혼집에 에어컨이 왔고, 실외기를 바깥에 설치했다. 그러나 우리 아파트는 실외기 설치를 실내에 하도록 한다는 공동규칙이 있다. 반상회 때마다 입주자 대표가 강조하던 내용이다. 아파트 관리소장도 이것은 우리 아파트의 규칙이 아니라 공동주택의 규칙이라며, 이미 설치한 세대에 대해서도 안으로 설치하라고 매번 이야기를 하곤 했다.

따라서 경비아저씨하고 관리소장이 나서서 실외기를 안으로 달 것을 종용했다. 그런데 젊은 부부는 들은 척도 않고 실외기를 바깥에 설치를 했다.

젊은 부부는 전문직에 종사한다고 소문이 났는데, 오늘 보니 그런 것 같지가 않다. 겉모습으로 직업을 점칠 수 없지만, 우선 분명한 것은 신혼부부의 옷차림새가 얌전한 구석이 하나도 없다. 그리고 무엇보다도 젊은 부부의 행동이 거칠다 못해 무례했다. 자신의 부모보다 나이가 많을 것 같은 경비아저씨에게 막말을 하고, 관리소장에게는 몸으로 의사 표현을 했다. 늙수그레한 입주자대표 아저씨가 우리 아파트 주민이면 누구나 지켜야 하는 규칙이라고 달랬지만, 오히려 법대로 하자며 돌아섰다.

늘 느끼는 것이지만, 간혹 우리 주변에 자기 마음대로 말하고 멋대로 사는 사람들을 본다. 우리는 더불어 사는 사회의 구성원이다. 그렇다면 이 사회의 논리에도 귀를 기울여야 한다. 요즘

짓는 아파트는 아예 실외기를 바깥에 설치하기도 하지만, 우리 아파트는 그런 시설이 없다. 해서 에어컨 실외기를 바깥에 설치하면 비바람에 노출되어 있어 낙하 위험이 많다. 만약 실외기가 떨어지면 엄청나게 큰 사고가 날 수 있다. 실외기 실내 설치는 우리 모두를 보호하자는 규칙이다.

우리 아파트 주민들은 대부분 5년을 넘게 함께 살아온 사람들이다. 모두가 가족 같다. 내가 셋방살이를 하면서 돈을 모으고 융자를 안고 집을 사온 것처럼, 모두가 젊어서 고생을 하고 어렵사리 집을 마련해서 사는 사람들이다.

여기 사는 사람들은 집 한 칸 가진 것이 남부럽지 않은 아주 소박한 사람들이다. 이런 사람들이라, 젊은 부부가 이사를 온다 하니 내심 반가웠나보다. 우리 아파트도 좀 젊어진다고 기대를 하는 사람이 있었고, 부녀회장은 새댁을 부녀회 총무를 시키겠다는 농담도 했다.

오가다보면 젊은 부부의 집은 굳게 닫혀있다. 디지털 자물쇠까지 시설해 안전하게 사는 것처럼 보이지만 너무나 고독해 보인다. 우리는 아파트 벽을 사이에 두고 단절해서 사는 것 같지만, 우리 집이 따뜻한 것도 옆집을 타고 넘어온 배관으로 따뜻해지는 것이다. 농촌에서 사는 사람들 못지않게, 도심의 아파트에 사는 사람들도 이웃과 전기선을 나누고, 가스관을 사이에 두고 더불어 산다. 어떤 벽은 아예 두 집이 함께 사용하고 있다.

우리의 삶은 아름다움을 나누면서 살아야 진정한 삶이 된다. 이웃과 사랑을 나누고, 그리움을 나누고, 때로는 슬픔을 나누면서 살아야 따뜻한 삶을 살 수 있다. 혼자서 물질적으로 만족한 삶을 사는 것이 풍요로울 수는 있지만, 이웃과 더불어 사는 행복한 즐거움은 없다. 늘 아침마다 엘리베이터에서 만나는 이웃을 무시하고, 밖에서 즐겁게 일하고 돌아올 수 있을까. 신혼부부가 나이가 어려서 그런지 잘 사는 법을 모르는 것 같다. 집만 고급스럽게 고친다고 잘 사는 것이 아닐 텐데. 이웃과 함께 사는 길을 찾는 것이 행복하게 사는 길인데…….

종교인의 현실 참여를 보는 눈

얼마 전 지율 스님의 단식이 온 세상을 떠들썩하게 했다. 사실 스님의 단식이 언론에 나왔을 때, 개인적으로는 시큰둥했다. 소위 단식이라는 것이 자신의 생존을 건 절박한 표현의 수단이었는데, 언제부턴가 단식에 의한 의사 표현이 흔해지면서 고귀함이 없어졌기 때문이다. 단식투쟁과 잘 어울리지 않는 보수성이 강한 국회의원도 국회 바닥에 앉아 농성을 하면서 그 신성함이 훼손되었다. 이제 정치인들이 자기들의 주장을 관철하는 단골메뉴처럼 보였고, 대중들에게 관심을 끌기 위한 이벤트처럼 느껴진다.

더욱 최근 단식의 결가부좌를 트는 사람들은 아무리 아니라고 부정해도 그 목적의 일부는 자신의 이해관계와 얽매여 있다는 인상을 받는다. 단식은 약자가 내놓는 마지막 카드라고 하지만, 왠지 그 동안 우리가 본 단식은 강자들만이 할 수 있는 또 다른 싸움법이었다.

그런데 이번 지율 스님의 단식은 달랐다. 우선 단식의 목적이 맑았다. 지율 스님의 단식은 자신을 버리고 남을 이롭게 하는 배려가 있었다. 지율 스님은 어디를 보아도 강자가 아니었다. 지율 스님의 단식은 신선하게 다가왔다. 또 입 밖에 내기는 조심스러운 면이 있지만, 지율 스님의 단식은 감동이 있었다. 그의 단식은 오만하지도 않았고, 오히려 한없이 겸손했다.

물론 지율 스님의 단식을 곱게 보는 사람들만 있는 것은 아니다. 지율 스님의 이번 단식은 무모한 목숨 걸기로 정부의 국책사업 수준의 개발 계획을 무력화시켰다는 비난도 있다. 스님의 맹목적인 환경보전은 선(善)이고, 자연의 개발을 통해 많은 사람들이 편리한 문명을 누리는 것은 악(惡)이라는 이분법적인 관념의 싹을 우리 사회에 퍼트린 책임도 지율 스님이 져야 한다는 반성론에 힘이 실리기도 한다.

그래서인지 이번 사태에 대하여 심하게 말하는 사람들이 있다. 즉 '저희들은 아예 산에 들어앉아(절이 대부분 산에 있는 것을 두고 이르는 말인 듯) 산을 훼손하고 있으면서, 왜 우리는 산에 도로도 못 만들게 하느냐' 는 주장이다. 어떤 이는 '산 속에서 염불이나 하지, 왜 속세의 삶에 참견 하냐' 며 비아냥거리기도 한다. 심지어 어떤 사람은 현 정부가 힘이 없어서 아무나 떼를 쓰더니 급기야 종교인들도 가세했다고 한다.

계속 막말을 하는 사람들하고 논쟁을 하는 것은 무모한 것일 수도 있지만, 침묵 또한 올바른 태도는 아니기에 입을 열어본다. 우선 저들 말대로 속세에서 떼를 쓴 종교인은 지율 스님뿐만이 아니라는 사실을 지적하고 싶다. 정부수립 이후 최대의 사업이라는 새만금 간척사업도 신부님을 비롯한 종교인들이 거세게 항의를 했던 것으로 기억한다. 환경 문제만이 아니다. 종교인들은 아예 염불은 물론 잿밥도 팽개치고 거리로 나섰다. 몇 년 전 개신교 목사님은 탈북자 지원 및 선교활동을 하다가 납북되어 목숨을 잃은 것으로 보도되는가 하면, 최근에도 한국인 목사 등 2

명이 탈북지원혐의로 중국 지방에 기소되었다. 원불교 박청수 교무는 '한국의 마더 테레사'로 불린다. 박 교무는 1968년부터 40년 동안 국내는 물론 세계 53개국에서 소외받고 사는 이웃들에게 사랑의 전도사로 살고 있다.

종교를 한자로 새기면, 마루 종(宗-모든 사물의 으뜸), 가르칠 교(敎-모든 이치를 가르침)이다. 종교는 '모든 가르침 중에서 으뜸가는 가르침' 이라는 뜻이다. 인간들로 하여금 의미 있고 가치 있는 사회생활을 해나갈 수 있도록 이끌어 주는 것이 종교이다. 그러므로 이 세상의 모든 종교인은 신이 부여한 권리를 이용해 사회질서를 바로잡고, 도덕적이고 건전한 인간을 키우는데 사명을 다했다. 그들은 자비, 사랑, 은혜의 덕목으로 사회를 밝게 하고, 인간의 도덕적인 삶을 위해 선구자적 역할을 했다.

그러나 이제 종교의 의미는 그런 고리타분한 그릇에 담을 수 없다. 지율 스님과 목사님, 그리고 교무님의 예에서 보듯이 종교인을 포함한 종교는 대중을 가르치는 존재가 아니다. 그들은 가장 낮은 곳에서 대중을 위해 헌신하는 사람들이다. 그들은 자신의 삶을 던져 대중을 이끄는 존재로 거듭나고 있다. 오늘 이 순간에도 종교인들은 보이지 않는 곳에서 묵묵히 사랑과 봉사를 실천하는 사람들이 많다. 내 몸과 같이 이웃을 사랑하는 종교인들이 있기 때문에 대중들은 고통 받는 아픔을 위로받을 수 있었고, 추위에 떨면서도 가슴은 따뜻하게 어루만질 수 있었다. 필요하다면, 고통 받는 속인들을 위해 떼를 써 주는 것도 종교인이 해야 할 몫이 되었다.

종교는 오랜 전통을 가진 가치와 덕목이 있다. 그리고 그 중심에 종교인들이 있다. 그들은 이미 도덕적으로 검증을 받은 사람들이고, 사회의 선구적 역할을 감당할 수 있는 사람들이다. 그로 인해 종교인들은 사회의 성원들이 공통적으로 갖는 가치와 목표를 믿음으로 나타나게 한다. 사람들은 종교인을 통해 오래 공유해 온 이 가치와 덕목으로 의지처를 삼고, 서로가 위안을 받으면서 연대감을 형성하게 된다.

흔히 종교인들을 도덕적인 존재로만 여기고, 사회와 격리되어 있어야 신비롭다는 막연한 생각을 가지고 있는 사람들이 많다. 진정한 종교인은 속인(俗人)들과 어깨동무를 하고 노래를 하기도 하고 슬퍼할 줄도 알아야 한다. 당연히 속인들의 삶에 끼어들어 속인들이 먹는 잿밥에 관심을 가질 수 있는 것이다.

물론 앞에서 언급한 것처럼, 지율 스님을 달갑지 않게 보는 사람들도 있을 수 있다. 하지만 지율도 인간인 이상 그의 개인적 판단과 행동에 실수가 있을 수 있다. 문제는 종교인이라 해서 그의 현실 참여가 잘못되었다고 지적해서는 안 될 것이다. 지율이 종교인이기 때문에 우리 사회의 아름다운 모습을 건설하는데 몸을 바쳐야 하는 것은 당연하다. 그것이 종교의 근본 가치인 자비이고, 사랑이다.

청계천 단상

청계천 이야기가 잊을 만하면 뉴스를 탄다. 엊그제도 청계천 주변에 근무하는 직장인들이 점심 식사 후 산책을 하는 곳으로 자리했다는 방송 보도가 있었다. 이제 식상할 만도 한데 청계천의 밤 풍경은 조명으로 인해 어디서든지 찍어도 예술 사진이 나온다고 한다. 시민들은 쉼터로 활용하고 주변 상가도 덩달아 호황을 누리고 있다는 보도다. 청계천은 이제 주민의 쉼터로 혹은 예술 공간으로, 만남의 공간, 추억 만들기 공간으로 자리 잡아가고 있다고 한다. 심지어 '청사모(청계천을 사랑하는 모임)' 등의 인터넷 카페가 50여 곳이 넘는다는 보도도 있다.

청계천이 왜 이렇게 관심의 대상이 되는 걸까. 보도처럼 청계천이 많은 사람들에게 그리움의 대상이었던가. 이제 청계천이 옛 모습을 되찾아 추억을 넘길 수 있단 말인가.

여기저기서 청계천 복원은 매우 성공적인 사업이라고 평가하고 있다. 청계천 복원은 삭막한 도심에 자연의 모습을 옮겨놓았다고 한다. 서울 도심 한 가운데에 맑게 숨쉬는 개천이 흐르고, 푸른 나무가 보이는 풍경을 만들었다고 자화자찬을 하고 있다.

그러나 여기서 곱씹어보고 싶은 것이 있다. 언론에서도 주변에서도 한결같이 청계천이 '복원' 되었다고 하는데, 과연 이 표현이 바른 것인가 하는 것이다. '복원'의 사전적 의미는 '본디대로 되게 함'이다. 즉 '복원'은 말 그대로 옛 모습을 회복해 주는 것이다.

그렇다면 청계천 복원이라는 표현은 어울리지 않는다. 엄격히 말하면 청계천은 복원된 것이 아니라, 새로 만들어진 것이다. 지금 청계천의 웅장한 모습은 우리가 그리워하는 옛날의 개천이 아니다. 인공 하천이 흐르고, 꽃과 나무가 심어졌다. 따라서 청계천이 '개발'되었다는 것이 더 합리적인 표현이다. 특히 나처럼 청계천에 대한 추억이 깊게 서려 있는 사람은 청계천 '복원'이 아니라, 청계천 '소멸'이라고 하고 싶다.

고등학교 때 잿빛 사춘기를 심하게 앓았다. 공부는 저만치 두고, 삶의 의미도 발견하지 못하고 방황하며 다녔다. 학교에 가면 더 메말라버리고 오는 느낌이었다. 그래서 학교만 나서면, 방황의 배고픔을 채우기 위해 돌아다녔다. 그곳이 청계천이었다.

청계천은 사람들이 북새통을 이루고 있었다. 저마다 삶의 현장에서 땀을 흘리고 있는 사람들이 있었다. 나의 비뚤어진 시선으로 꿰뚫어보면 그들은 일찍이 삶의 절벽에서 밀려나버렸을 것 같은 사람들이었다. 그러나 그들은 오히려 청계천의 화려한 건물과 육중한 고가도로의 위용을 비웃기라도 하듯, 건물 옆에서 혹은 고가도로 밑에서 의연히 휴식을 취하고 있었다.

나를 이끈 것이 이 허름한 청계천이었다. 촌스럽게 다닥다닥 붙어 있는 서점들이 묘한 흥분과 긴장을 만들어냈다. 헌책방에 빼곡히 쌓여있는 헌책들은 주인에게 선택받지 못하고 이곳에 밀려온 슬픈 운명의 주역들처럼 보였다. 그 모습은 삶의 변두리에서 방황하는 나처럼 구겨져 있었다.

나는 내 자신의 슬픈 자화상을 어루만져주고 싶었다. 그래서 매일 학교를 나서서, 집으로 돌아가던 중에 이곳으로 왔다. 이곳에서 윤동주를 만났다. 쓸쓸한 감정이 밀려올 때면 「별 헤는 밤」을 읊조리는 버릇도 이때 생겼다. 단테의 『신곡』을 펼쳐들고 고민의 늪에 오랫동안 빠져 있었던 경험도 모두 이때였다.

청계천 서점 구석에서 〈사상계〉라는 잡지를 읽다가 4·19 혁명 당시 학생들의 목소리를 생생하게 들었다. 먼지를 뒤집어쓰고 있는 잡지더미를 뒤적이면서 5·16 혁명의 실체를 읽었다. 제3공화국과 유신체제는 왜곡된 역사의 현실이 많았다는 것도 그때 알았다.

돌이켜 보니 그때는 내가 자아에 눈을 뜨기 시작했던 때였다. 내가 대학에서 문학을 공부하기로 한 것도, 그리고 대학 입학 후 시대와 맞서 고민하던 것도 모두가 청계천의 방황이 남긴 열매다.

미당 서정주가 8할의 바람이 자신을 스물세 해 동안 키웠다고 했는데, 나도 청계천이 5할 이상은 키웠을 것이다. 서울에서 나고, 서울에서 자란 나에게 청계천은 심하게 가슴앓이를 하던 추억이 남아 있는 정신의 고향이었다.

나는 제법 나이를 먹고도 청계천을 찾았다. 사는 것이 힘들 때, 혹은 무력감에 빠져 있을 때, 나도 모르게 발길은 청계천으로 옮겨졌다. 특히 살아가는 것에 대해서 자신이 없을 때, 청계천은 용기를 주었다. 빛바랜 상품을 길바닥에 늘어놓고 손님을 기다리는 사람들을 보면, 가슴 밑바닥에서 뜨거운 것이 목젖까지 올라왔다. 그들을 보면, 쉽게 포기하고 쉽게 용기를 잃는 내 자신이 한없이 부끄러워졌다. 그곳은 갈 때마다 낯선 삶의 모습을 파노라마처럼 엮어내지만, 내게는 늘 익숙한 충격을 던져주었다.

지금 새로 치장한 청계천은 수돗물이 흐르는 낯선 곳이다. 주변 상가의 조명은 더없이 밝게 빛나고 있다. 청계천 물이 시작되는 곳에는 오늘도 새로운 시설물 조성을 위해 뚝딱거리고 있다. 듣기로는 세계적인 미술품이 건설된다고 한다.

매일 부수고 새로 만드는 것이 능사는 아니다. 변하지 않는 평온함도 우리가 기대고 싶은 풍경이다. 서울의 경쟁력이 새로 만드는 것에만 있는 것은 아니다. 옛 모습을 그대로 간직하고 있는 따뜻함에도 있는 것이다.

600년 역사의 서울은 물조차 기계로 흐르게 하는 오만함보다는 자연스럽게 흐르는 물이 있는 순박함이 필요하다. 그리고 오랜 세월의 모습이 살아있어야 한다. 사실 원형 복원이란 없어짐이 만들어내는 또 다른 허상이다. 무턱대고 옛 모습을 철거하기보다는 옛 것을 그대로 살리는 '복원'이 필요하다. 우리가 보고 싶은 것은 화려한 새 모습이 아니다. 늘 보아오던 그 익숙함에 있다.

선생님과 아이들이 나누는 사랑의 문화

요즘 학교의 모습 중에 과거와 다른 것이 많다. 촌지문화도 그 예가 된다. 정성껏 보살펴 주시는 선생님, 늘 감동을 주시는 선생님에 대한 고마움으로 마음을 담아 조그만 선물을 드리곤 했는데 언제부턴가 이것이 비리의 주범이라고 떠들고 있다.

그러나 나는 엉뚱하게도 촌지 예찬론자다. 남들은 촌지가 뇌물이라고 하지만, 나에게는 힘이다. 20년이 넘는 교직생활 동안에 나를 더욱 뜨겁게 한 것은 제자들이 혹은 학부모가 건네준 촌지였다.

나는 교직 생활을 하면서 촌지를 제법 많이 받은 축에 속한다. 교직에 들고 몇 년이 지났다. 반 아이에게 외부 장학금 받을 수 있게 해주었다. 그랬더니 시골에서 농사짓는 부모님이 고추며 마늘이며 가을걷이 한 것을 들고 오셨다. 나는 한사코 만류했다. 하지만 늙수그레한 학부모님이 마른 논바닥처럼 갈라져 있는 손등을 자꾸 부끄러워하시는 듯해서 더이상 뿌리칠 수가 없었다. 다음 해에도 어머니는 찹쌀을 이고 오셨는데, 생때같이 젊은 나로서는 무릎을 꿇고 받을 수밖에 없었다.

그때 나는 갈등도 있었지만, 감동이 오랫동안 나를 달치게 했다. 해서 잡지 〈샘터〉에 기고를 했다. 그때는 문단에 발을 들여

놓지 않아서 글도 거칠고 서툴렀다. 그런데 나는 그 글을 쓰고 각지에서 과분한 칭찬을 받았다. 나중에 다른 잡지사의 원고 청탁도 받았다. 이유는 간단했다. 감동적이었다는 것이다. 지금 생각해도 그때 이야기는 투명한 물살처럼 가슴을 적신다.

또 하나 이야기도 이 일이 있고 몇 해 지나서였다. 반 녀석이 등굣길에 남의 집 우유를 훔쳐 먹고 파출소에 갔다. 그때 녀석은 어쩌다 한 짓이라고 했지만, 피해자는 막무가내였다. 내가 한 달치 우유 값에 뜨문뜨문 없어졌다는 신문 대금까지 지불해주고 녀석을 파출소에서 데려왔다. 사실 녀석은 가끔 문제를 일으켜 자포자기 상태였는데, 오히려 이 일로 학교생활을 더 열심히 했다. 그러다가 녀석이 학교를 졸업하고 군에 갔다 와서 우리 동네에서 우유 배달을 했다. 그리고 어떻게 우리 집을 알고 꽤 오랫동안 우유를 넣었다. 그때 우유 값을 받아가라고 몇 번이나 문에 써 붙여놓았지만 결국 우유 값을 못 줬다. 그 우유 값이 꽤 많았으니, 내가 받은 촌지 중에 가장 큰 액수였다.

이 이야기도 역시 혼자 알고 있기 너무나 아까워 지역생활 신문 수기모집에 응모하여 상을 받았다. 이 역시 내가 글 솜씨가 뛰어나서 받은 것이 아니다. 학교 다닐 때 베돌기만 하던 녀석이 성장해서 올곧게 살아가는 모습에 누구나 박수를 보냈을 것이다.

뿐만이 아니다. 졸업한 지 오래되어서 기억도 가물가물한 놈들이 불쑥불쑥 집으로 선물을 보내오는 경우가 많다. 어떤 녀석은 자기 시댁 부모님이 보내준 고추장이며 된장을 보내오기도 한다. 어느 학부모는 애가 졸업한 지 꽤 오래되었는데 아직도 명절 때만 되면 갓난아기 얼굴만 한 복숭아를 큰 상자에 담아 보내주신다.

나는 선물을 받으면 전화를 해서 슬쩍 화를 내는 척도 해보았다. 빚을 갚는다고 녀석들을 불러서 저녁도 함께 하고 책도 사줘 보았다. 하지만 그것도 못할 짓이다. 오히려 오랜만에 소식을 준 학부모에게 미안했다. 아이들은 나에게 쓸데없는 부담을 가지고 있다고 핀잔만 주었다.

올해도 졸업한 지 20년이 넘는 녀석들이 음식점으로 나오라고 엄포(?)를 놓았다. 워낙 오래 전 일이라 긴가민가하고 나갔는데, 아줌마가 된 녀석들이 제법 많이 모였다. 그리고는 홀연히 흘러갔던 추억을 한참 떠들고는 꽃다발을 가득 안기고 고급스러운 옷까지 입혀 주는 것이다.

이제는 촌지를 받으면 범죄자 취급을 받는다. 언론에서도 촌지를 주고받는 사람은 부도덕한 사람으로 보도한다. 마른기침이라도 하면 쪼르르 달려와서 목캔디를 내놓던 녀석들. 자기가 사온 꽃을 꽂겠다고 남의 꽃은 시들기도 전에 화병에서 치워버리던 녀석들. 내 생일도 아닌데 소문을 잘못 듣고 생일 선물이랍시고 속옷을 챙겨온 녀석들. 소풍 가면 서로 김밥을 챙겨오는 녀석들이 돌이켜보니 모두 나에게 촌지를 건네던 범죄자(?)가 되었다.

올해도 스승의 날을 앞두고 여기저기서 촌지를 주지도 말고 받지도 말자고 떠들고 있다. 촌지를 주고받지 않으면서 우리 사회는 점점 더 깨끗해져 간다고 하는데 어떻게 깨끗해졌는지 궁금하다. 내가 음감도 없이 소리쳐 부르는 노래에도 함박웃음을 터뜨리던 아이들이 범죄자 취급을 받는 현실이 깨끗해진 것인지 묻고 싶다. 오히려 선생님과 아이들이 주고받는 사랑의 촌지를 강압적으로 끊어버려서 학교는 더 험악하고 안타깝게 변하고 있는 것은 아닌지. 아름다운 호숫가에도 독이 있는 풀이 자라듯, 우리 사회는 악의 꽃이 번식하는 경우가 많다. 학교도 예외는 아니다. 독이 자랄 수 있다. 조그만 독이 있다고 해서 호수를 파 버릴 수는 없다. 조심스럽게 독을 제거하고, 나머지 꽃이 아름답게 필 수 있도록 도와주어야 한다. 촌지란, 말 그대로 자기의 뜻을 담아 고마운 분께 드리는 것이다. 우리나라는 웃어른을 공경하고, 예를 중시하는 미풍양속이 있다. 그러니 선생님에게 따뜻한 마음을 주는 것은 자연스러운 우리의 전통이다. 오히려 장려해야 할 문화이다.

일부 흠을 확대해서 학교의 교사들이 모두 잠재적 범죄자라고 떠들면서 얻은 것이 무엇인가. 깨끗한 학교 문화를 얻은 것이 아니라, 편지 한 장 주고받지 못하는 삭막한 학교를 만들었다. 높은 자리에 있는 사람들은 이제 학교를 깨끗하게 만들었다고 거들먹거리고 있는데, 학교를 불행의 늪으로 만든 것이다. 학교의 불행은 우리 모두의 불행이라는 것을 저들은 알고 있는지 의문이다.

코스모스의 슬픔

몇 해 전부터 코스모스가 우리 주위에 일찍 찾아오고 있다. 가을이 아직도 멀리 있는데 길가의 코스모스가 얼굴을 방긋거리고 있다. 엊그제 장마가 끝나고 햇볕이 여름의 중턱에 앉아 있는데, 때 이른 코스모스가 가을의 전령사 역할을 다하고 있는 양 손짓을 하고 있다.

한낮의 기온이 온몸에 땀으로 적셔 나오니, 눈으로 하늘거리며 다가오는 코스모스가 싫은 것만도 아니다. 오히려 원색을 자랑하며 피어있는 꽃을 보니, 더위도 바람 따라 멀리 달아날 듯해서 기분이 상쾌하다.

하지만 제철을 잊은 채 햇볕에 까맣게 몸을 그을리며 서 있는 코스모스가 마냥 아름답지는 않게 보인다. 화관(花冠)이 무거운 듯 힘겹게 전신을 흔들고 있는 코스모스를 보고 있노라니 마음속에서도 측은한 마음이 물결치고 있다.

코스모스. 그 이름처럼 누구보다도 자연의 섭리를 어기지 않고, 가을이면 얼굴을 환하게 웃던 꽃이 아니었던가. 거름을 주지 않아도 스스로 이슬을 먹고, 가을바람이 불면 여지없이 꽃을 피웠다.

그런데 지금 코스모스는 왜 자연의 섭리를 어기고, 여름의 끝에 서서 방황하는 것일까. 이유는 간단하다. 언제부터인지 우리가 사는 지구가 예전 같지 않다. 사람들이 마구 버린 쓰레기 때문에 지구가 몸살을 앓고 있다. 사람들은 아주 가까운 거리조차도 자동차 뒤꽁무니에 시커먼 연기를 내면서 가야 직성이 풀린다. 조금만 더워도 참지 못하고 종알거리면서 에어컨을 쓰다 보니 지구가 이제는 자정능력을 잃었다. 그 결과로 지구의 기후가 변해 버렸다. 올 여름에도 장마가 빨리 왔다. 빨리 온 것만이 아니다. 뻥 뚫린 하늘이 물을 좍좍 쏟아내듯 오면서 우리의 마음까지 할퀴고 갔다. 이웃나라 중국은 작년에 이어 엄청난 물난리로 많은 사람들이 목숨을 잃었다. 또 바다 건너 미국과 유럽도 기상악화로 많은 사람이 집과 목숨을 잃었다는 보도다.

　이를 두고 기상 전문가들은 지구 온난화 현상에 따른 각종 기상이변이라고 진단한다. 그러나 잘 생각해 보면, 오늘의 기상 문제는 이상기후가 아니라 정상기후가 아닌가 생각한다. 즉, 인간들이 편리한 문명에 대한 욕심을 버리지 못하면서 생겨난 지극히 정상적인 현상이다. '인과응보'라는 옛말이 딱 맞는 현실이다. 우리가 너무 오랜 동안 자연을 우습게보면서 살았다. 신문 사설에서는 성능이 좋은 슈퍼컴퓨터를 운운하며 기상예보의 역량을 높여서 자연재해에 대비해야 한다고 주장하고 있다. 하지만 이 또한 오늘날과 같은 엄청난 재해 앞에서 그 실효성에 의문이 생길 뿐이다.

　엉뚱한 생각 같지만 요즈음 닥쳐오는 천재지변은 문명의 우월함에 우쭐해온 인류에게 내리는 신의 형벌인 것처럼 느껴진다. 내리는 형벌이 우악스러운 것으로 보아 신이 몹시 화가 난 듯하다.

뉴스 시간에 기자가 이색 풍경으로 다루면서 말한 것처럼, 8월 뙤약볕의 코스모스 개화는 분명 이상 현상이다. 그러나 기자가 말한 것을 새겨보면 이 현상은 오히려 정상이다. 기자는 장마가 일찍 오고, 이상 저온 현상이 계속되고, 일조량이 적어지고, 평균 기온이 내려가면서 코스모스가 가을인줄 알고 꽃을 피웠다고 말했다. 맞다. 코스모스는 자신의 외부의 변화가 가을이기 때문에 얼굴을 내밀었다. 알맞은 바람이 불고, 기온이 서늘하고, 일조량까지 맞아떨어져서, 몸을 키우기도 전에 꽃을 피운 것이다.

가장 정직한 것이 자연이다. 인위적인 것이 없는 것이 자연이다. 자연은 저절로 만들어지는 아름다운 현상이다. 누구도 힘을 가해서 그것을 만들어낼 수 없고, 권력과 부귀의 손으로도 얻을 수 없는 것이다. 이 세상에서 가장 값진 것이면서도, 힘이 없는 사람도 가난한 사람도 마음껏 가질 수 있는 것이다.

이양하님은 『신록예찬』에서 자연이 우리에게 내리는 혜택을 가장 아름답게 나타내는 것이 봄이라고 했지만, 나는 그 계절을 가을이라고 말한다. 가을은 모든 식물이 종족보존의 본능을 위해 생명의 씨를 잉태하는 성숙한 아름다움이 있다. 봄에 싹을 틔우고, 뜨거운 여름에는 태양의 영양을 충분히 섭취하고, 서늘한 가을바람에 여문 알곡을 맺는다.

세찬 비바람이 몰아치는 장마와 태풍을 굳건히 지키고 가을 햇살 아래 환하게 웃고 있는 한 떨기 꽃을 보라. 식물이 꽃을 피우는 것은 생명을 다하는 것이 아니라, 씨를 남겨서 내년에 다시 태어나기 위한 소망의 결실이다. 그래서 가을의 꽃은 모두가 쇠락을 거부하는 생명의 빛깔을 띠고 있지 않은가.

시인이 저 멀리 앉아 있는 청산을 보고 말없이 사는 법을 배운 것처럼, 나는 가을에 꽃을 통해서 삶의 힘겨움을 씻어내곤 했다. 특히 어린 날 길가의 코스모스는 육신의 키와 꿈의 높이에 대한 그리움을 채워주었다. 지금은 늘 남보다 앞서야 한다는 비뚤어진 선망을 키가 큰 코스모스를 보면서 더욱 낮추고 낮추는 삶의 방식을 배우고 있다.

오늘따라 눅진한 더위에 핀 코스모스의 가녀린 허리가 더욱 쓸쓸하게 다가온다. 그것은 마치 자연을 잃어버리고 살아가는 현대인들의 쓸쓸한 심성을 대변하고 있는 슬픔인지도 모르겠다.

공상과학 영화 제작으로 재미를 톡톡히 보던 할리우드는 더이상 인간이 살 수 없게 된 지구를 버리고 새롭게 인간이 살 수 있는 별을 찾아 우주를 떠도는 탐사대를 그린 영화를 선보이고 있다. 유독 약한 바람에도 허리를 못 가누고 있는 코스모스를 보면서, 이 영화의 허구가 현실로 다가오는 것이 아닌가라는 생각을 담아본다.

뒤늦게 지구촌은 온난화 문제로 머리를 맞대고 있다. 그러나 이것도 선진국들이 국가 경제에 대한 영향과 이해득실을 따지면서 협의를 미루고 있다. 그 사이에 가난한 나라들은 마지막 남은 삶의 터전에서 밀려나고 있다. 이러다가 과연 우리가 후손들에게 온전하게 지구를 남겨줄 수 있을까 하는 기우에 빠진다. 아니, 이것이 꼭 기우만은 아닐 것이라는 불길한 예감까지 스쳐 지나간다.

일상의 풍경

3월 5일

바둑판처럼 펼쳐진 보도블록 사이에서 파란 새싹이 얼굴을 내밀었다. 시멘트를 뚫고 나온 생명의 힘이 느껴진다. 우리의 마음 저 밑바닥에서도 힘찬 봄이 왔으면 좋겠다.

3월 14일

걸어서 출근을 하는데, 아침 달이 교문까지 따라왔다. 건물로 들어서는 순간 말없이 돌아선 달. 건물 안에는 형광등이 되록거리고 있다.

3월 16일

점심 먹고 운동장에 나갔다. 1학년 여학생 세 명이 국기 게양대 밑에서 놀고 있다. 함께 말을 나누려고 하는데 얼굴이 뽀얗다. 우윳빛이다. 어쩜 저렇게 뽀얄까. 마음도 그만큼 맑겠지.

4월 8일

세상이 하루가 다르게 변한다. 국제적 관계도 급변하고 있다. 그러나 정치권은 변하는 것이 없다. 정치인들은 해도 너무 한다.

부정부패를 일삼고 거짓말을 밥 먹듯 한다. 말도 안 되는 이유를 내세워 남을 헐뜯고 비방한다. 저들은 입만 열면 '국민'의 이름으로 말하는데, 제발 국민을 위해 조용히 살았으면 한다.

우리 인간이 도달할 수 있는 최고 수준은 무엇일까? 학식, 권력, 명예, 돈? 아니다. 사람다움이다. 사람답게 사는 것이 가장 아름답다. 묵은 밭을 일구듯 내 마음부터 다스리는 정치인들을 보고 싶다.

4월 10일

새로 들어온 직원이 독서를 많이 한다. 책을 많이 읽는 모습이 신선했다. 요즘 젊은이 같지 않다. 그런데 읽는 책이 모두 '10억 모으기, 주식 투자, 땅에 투자하라' 등 재테크 관련 책이다.

실망했다. 어떤 책을 읽느냐는 것은 개인 취향이니 눈을 흘길 마음은 없다. 하지만 젊은 사람이 말하는 것도 온통 '돈 모으기와 집 이야기'만 한다. 욕심을 채우기 위해서 사는 사람 같다. 마음에 의미를 채우고 사는 길을 가야할 텐데.

돌이켜보니 나는 30대 초반에 시대와 싸웠다. 그 때는 시대가 우리를 저버렸다. 시대정신이 없는 컴컴한 시절에 끝까지 시대정신을 찾겠다고 밤을 밝혔다. 그때 나는 선생이 된 것만으로 한없이 좋았다.

4월 14일

영화 〈천년학〉을 봤다. 매화꽃이 한없이 흩날리는 장면이 슬프게 다가온다. 엇갈린 사랑, 운명에 순응해야 하는 인생. 모질게 살아가는 사람들. 우리네 삶도 슬프게 다가온다.

4월 27일

아침에 아들놈이 덥다고 반팔 옷을 입겠다고 했다. 제 엄마는 아직 아침저녁으로 쌀쌀하니 긴 옷을 입으라고 했다.

결국 아들놈이 반팔을 입고 갔는데, 오늘 따라 늦게 온다. 아내는 반팔을 입고 베란다에서 서성여 보더니 춥다고 걱정한다. 아내의 마음에는 아들놈이 꽉 차있는데, 아들놈의 그곳에도 제 어미가 있나?

5월 4일

들에 나갔다가 국도에서 참외 장수를 만났다. 꿀참외라고 써 붙여 놓고 팔고 있어서 제법 많이 사 왔다. 집에서 먹는데 꿀참외는커녕 무맛이다. 아저씨가 직접 농사지은 것이라고 큰 소리 치더니 속은 것 같다. 마음이 씁쓸하다.

5월 13일

가끔 휴일이면 우유를 많이 먹게 된다. 아이들을 위해서 사온 우유가 날짜가 다 되었다고 나에게 떠맡긴다. 오늘은 빵도 유통기한이 다 되었다고 나에게 먹으란다. 하루종일 우유에 빵에 배 터져 죽는 줄 알았다.

5월 14일

울타리에 장미꽃들이 향기를 토해내고 있다. 제 몸을 이기지 못해 바닥으로 떨어진 꽃잎들. 백제의 삼천 궁녀가 낙화암에서 떨어진 듯 처절하다.

5월 19일

  텔레비전을 보는데 낯익은 얼굴이 보인다. 대학 선배다. 선배는 유신 헌법에 저항하다가 학교에서 떠났었다. 다행히 유신이 무너지고 복교했는데, 다시 신군부에 의해 지명수배를 당하고 학교에 돌아오지 못했다.

  당시 선배는 과 학회장이었고, 내가 부학회장이었다. 선배 일 때문에 나는 경찰서에서 몇 번 조사를 받았다. 그때마다 나는 그 선배하고 관련이 없었다는 알리바이가 입증되어 쉽게 걸어 나왔다.

  그러면서도 늘 마음 한 구석에는 선배에게 미안했다. 그 용감한 실천에 나는 쉽게 걸어 나온 것이 죄인처럼 느껴졌다.

  선배는 '과거사위원회'에서 큰 일을 하고 있는 듯했다. 선배에게 늘 빚을 지고 있었다고 생각했는데 이제야 마음이 가벼워진다. 어두운 시대에 짊어졌던 삶에 대한 보상이 되었으면 하는 마음 간절하다.

5월 20일

  나무가 벙어리가 아니라는 것을 처음 알았다. 어릴 때부터 바람 소리를 듣고 자란 놈들이라 그런지 바람이 불면 바람소리를 제법 낸다. 계곡 물소리를 듣고 살아서인지 빛에 절여진 나뭇잎은 저들끼리 몸을 비비며 물소리도 흉내 낸다.

6월 1일

  큰 녀석이 제 어미에게 혼이 나고 있다. 평시에는 안 그러던 녀석이 무슨 거짓말을 했단다. 씨앗이 자라면 열매가 맺을 우려가 있다며, 아내가 작심을 하고 혼을 낸다.

부끄러운 고백이지만, 나는 어릴 때 거짓말을 밥 먹듯 하고 다녔다. 중학교 때 아침 등굣길을 나서면 엄마가 회수권(버스표) 두 장을 주셨다. 아침에는 버스를 타고 등교했다. 그러나 오후에는 버스표 한 장은 학교 앞 튀김집에서 썼다.

그리고 걸어서 집에 왔다. 그때 양심의 저항 때문에 집에 돌아와서 앉은뱅이 책상에서 공부를 더 열심히 했던 기억이 난다.

6월 11일

가끔 학부모와 면담을 하는데 쓸데없이 종교를 강요하는 사람이 있다. 나란 위인이 종교가 없어서 이야기 할 때마다 귓등으로 "네, 네……" 하면서 대답했다.

오늘은 아예 종교 서적을 건네는 것이다. 안되겠다 싶어 이번에는 예를 갖추어 정중히 거절했다. 조심스러웠고 미안했다.

그런데 이 어머니가 계속 이유가 뭐냐고 묻는다. "왜, 싫으세요……?" 하면서. 특별한 이유는 없었다. 싫은 것도 없었다. 단지 아직 종교에 대한 생각이 미치지 않았을 따름이다.

그 사람은 말끝마다 종교적 표현을 했는데, 아무래도 신앙이 잘못 여물었다. 진실로 믿음이 있다면 남을 배려하는 마음이 앞서야 한다. 남의 마음을 자기 마음대로 휘젓는 것은 종교인의 자세가 아니다.

7월 20일

여행은 바쁜 일상을 벗어버릴 수 있다. 몸과 마음을 바람과 햇빛에 맡겨두고 오면 삶의 활력소가 된다. 그런데 요즘 여행은 오히려 두렵다. 차를 타고 다니면서 그 지겨운 영상을 계속 봐야 했다. 차 안에서 폭력이 난무하는 비디오에 붙잡혀 계절이 손짓하는 창밖을 내다보지도 못하고 돌아왔다. 내가 의식적으로 비디오를 안 볼 수도 있었지만 의지대로 되지 않았다. 무엇인가에 떠밀려 사유의 시간도 즐기지 못하는 삶이 서글프다.

7월 30일

며칠째 덥다고 야단이다. 뉴스에서도 주위에서도 온통 더위 이야기다. 방송에서는 냉방기 사용으로 전력 사용량이 최고에 이르렀다고 한다.

여름이니 더운 것은 당연하다. 덥다고 아우성을 치니 그것이 오히려 더 더운 느낌이다. 더위 속에서 아우성치기보다 나를 더위 속에 차분히 다스리는 지혜가 필요하다.

10월 12일

산에 나무들이 가을을 어깨에 걸고 터벅터벅 내려온다. 윗도리를 풀어헤치고 사람들이 사는 마을로 돌진했다. 졸지에 동네가 노란색 나무로 붉은색 나무로 점령당했다. 어느새 선선한 바람도 따라왔다.

12월 19일

동생이 결혼 20주년 기념일이라고 꽤 비싼 뮤지컬 관람권을 보내왔다.

"형수님하고 꼭 가세요."

아내가 좋아서 어쩔 모르더니 아들 녀석 대학 입학선물로 다시 줬다. 그리고 제 여동생하고 가라고 하는 것이다.

운전은 내가 했다. 아들과 딸을 국립극장에 밀어 넣고, 우리는 어둠이 들어찬 남산을 돌아다녔다. 산에 몰려든 추위가 코끝을 칼로 베는 것 같다. 묘하게도 뮤지컬이 최인호 원작 〈겨울 나그네〉였다. 우리 부부는 '겨울 나그네' 처럼 돌아다녔다. 남산에 그렇게 매서운 추위가 찾아올 줄은 몰랐다. 뮤지컬이 끝날 때까지 한겨울 추위는 다 맞고 왔다.

12월 26일

오늘도 모임에 갔다. 며칠째 이 모임 저 모임에 다니니 몸과 마음이 쉴 틈이 없다.

특별히 맺힌 것도 없는데 가는 해를 향해 술잔을 부딪친다. 많이 먹고 많이 이야기하고 많이 논다. 술잔에 술이 넘치듯 모든 것이 넘쳐난다. 모두 분수 밖의 탐욕이다. 자기 분수를 가늠할 틈이 없다. 자신의 모습을 보지 못하고 남과 닮으려는 인생들만 북적거린다.

산에 가면 나무들은 모두 제멋대로 자란다. 남을 따라하면 자신의 삶의 줄기를 제대로 펼치지 못한다. 자기 빛깔을 내는 삶이 필요하다.

·행·복·한·바·보·의
·지·혜·로·운·삶·

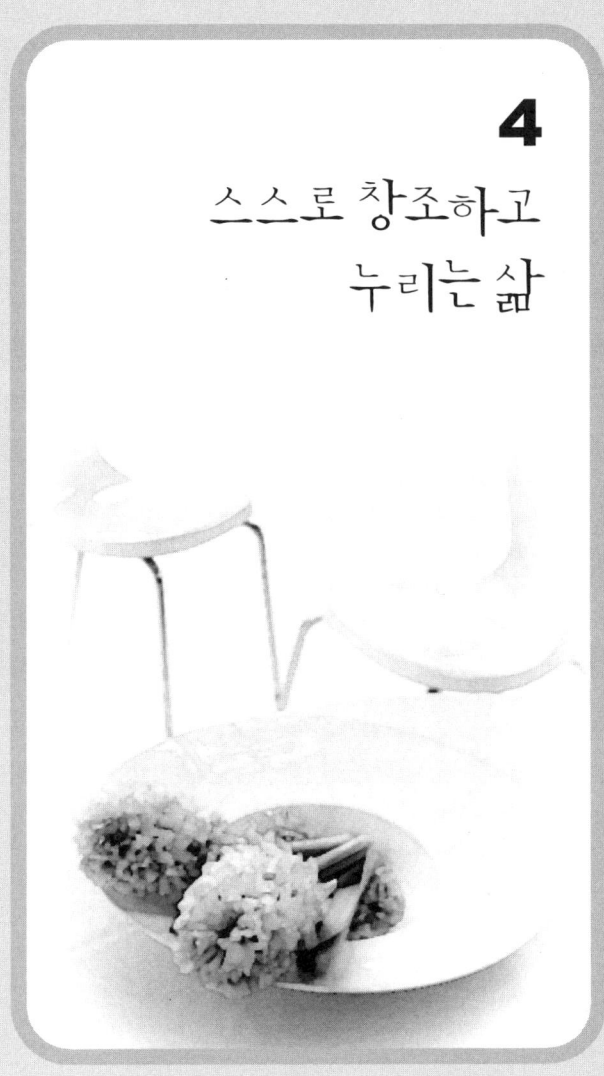

4
스스로 창조하고 누리는 삶

· 행 · 복 · 한 · 바 · 보 · 의 ·
· 지 · 혜 · 로 · 운 · 삶 ·

'좋은 시간 되십시오'는 어색한 표현

'좋은 시간 되십시오' 라는 인사를 많이 받는다. 카드 발급을 권유하거나, 보험 가입을 권유하고 돌아갈 때 영업사원들이 대부분 이렇게 인사를 건네고 간다. 전화 상담 중에도 이 말을 많이 듣는다. 전화 상담을 마치면 상담원이 말끝을 길게 빼면서 '오늘 하루도 좋은 시간 되십시오. 저는 상담원 ○○○였습니다' 라며 인사를 한다.

그러나 이러한 인사는 바른 표현법이 아니다. 즉 '되다' 라는 서술어는 '물이 얼음이 되다' 처럼 주어와 보어를 필요로 한다. 앞의 문장은 주어가 생략된 것으로, '당신이 좋은 하루가 되어라' 라는 뜻이다. 이는 표현도 의미도 어색하다. 사람이 좋은 시간을 누리거나 즐길 수는 있지만, 될 수가 없는 것은 분명하다. 따라서 상대방이 좋은 시간을 누리거나 즐기기를 바란다면, '좋은 시간 즐기십시오/좋은 시간 누리십시오/좋은 시간 보내십시오' 라고 해야 한다.

이러한 '-되십시오' 형의 인사 표현법은 서비스업에 종사하는 사람들만 쓰는 것이 아니다. 심지어 방송 진행자들도 '건강한 하루 되십시오/좋은 저녁 되세요/즐거운 주말 되시기 바랍니다' 등과 같이 쓰고 있다. 이 모두 의미가 분명하지 않은 말들이다.

이는 듣는 사람이 행사할 수 있는 동사로 대체해 '건강한 하루 누리세요/좋은 저녁 즐기세요/즐거운 주말 보내시기 바랍니다' 라고 바르게 말해야 한다.

또한 '좋은 하루 되세요, 좋은 주말 되십시오'는 모두 명령을 하고 있다. 존대할 대상에 명령형을 쓴 이런 표현은 바른 화법이 아니다. 이 표현은 영어 인사말 'Have a nice day'를 직역한 느낌이다.

음식점에서 나오는데 젊은 아가씨가 우리 가족에게 '행복하세요'라고 인사를 했다. 우리 가족에게만이 아니다. 식사를 하고 나서는 연인들에게도 아가씨는 '행복하세요'를 연발했다. 간절히 행복을 빌고 있는 양 손수 출입문까지 열어 주면서 머리도 땅에 닿았다.

하지만 이 어법도 이상하다. '행복하다'는 동사가 아니라 형용사이다. 형용사는 명령형이 없는 것이 우리말의 특징이다. 동사를 이용해서 '뛰어가세요/조심해 가세요'라고 하면 듣는 사람이 자연스럽게 행동에 옮기지만, 형용사를 이용해 '기뻐하세요/슬퍼하세요'라고 말하면 이 말을 듣는 사람은 매우 부자연스럽다. 이왕 행복을 빌 것이라면 '행복하시기 바랍니다'라고 정확한 기원의 형태로 말해서 진짜 행복을 빌어 주어야 한다. 이 또한 영어 'Be happy'와 관련되어 있어서 우리의 주의가 필요하다는 생각이다.

이와 비슷한 예로 '할아버님, 올해도 건강하세요'라는 표현도 자주 쓰는데, 이 역시 '건강하다'는 동사가 아니다. 이도 명령형이 있을 수 없다. 또한 명령문은 윗사람에게 쓸 경우 권유의 의미로 파악된다. 윗사람에게 명령할 수 없기 때문이다. 이런 의미에서 이 또한 '-세요'보다 '-시기 바랍니다'가 적절하다. 따라서 이제는 '할아버님, 올해도 건강하시기 바랍니다'로 바르고 정중하게 인사를 올리자.

2005년이 남긴 말
'너나 잘하세요' 와 '됐거든' 그리고 '그까이꺼~ 뭐' 등

올한 해도 우리 곁을 떠나고 있다. 많은 사람들에게 꿈과 희망을 주고 때로는 슬픔을 안겨주었던 2005년이 역사 속으로 사라지고 있다. 이때쯤이면 언론은 저마다 10대 뉴스를 발표하며, 저무는 한해를 아쉬워한다.

지난날의 사건을 화면과 사진을 통해서 되돌아보는 것은 역사적 의미를 되새기고, 새로운 시간을 준비한다는 점에서 의의가 있다. 그와 더불어 지난날의 삶을 언어를 통해서 돌이켜 보는 것도 재미있는 일이다. 즉 언어란 사회적 산물로, 언중의 사상과 감정을 표현하는 수단이다. 특히 유행어는 일종의 신어로 당시의 관심사나 사회 현상을 적절하게 표현한다. 따라서 유행어를 곱씹어보면 우리가 무엇을 고민하고 살아왔는지 돌이켜 볼 수 있다.

올해 유행어 중에는 영화 〈친절한 금자씨〉에서 주인공이 표현했던 '너나 잘하세요'를 꼽을 수 있다. 이 말에서 '너'는 비존칭 대명사이고, '-하세요'는 높임의 뜻을 담은 어미이다. 둘은 함께 호응할 수 없는 모순 어법이다. 대게 유행어는 신기한 어감이나 해학적인 표현 등이 뒷받침되어 널리 퍼지게 되는데, 이러한

모순의 표현이 사람들의 관심을 끌었다. 영화 속에서 주인공은 싸늘한 표정으로 이 말을 던지는 것처럼, 이 말은 '너'에게 '잘하라'는 경고를 보내는 것이다. 이 말은 평상시 정숙한 이미지를 보이던 여배우가 의외로 던진 대사여서 인기를 끌기도 했지만, 요즘 우리 시대의 자화상이 냉소적인 어투로 표현되었다는 점에서 많은 사람들에게 회자되었다. 최근 사람들은 자신은 잘하고 있는데, 다른 사람들이 문제라는 착각 논리에 빠져 있다. 오래전에 종교 단체를 중심으로 '내 탓이오' 운동을 전개했는데, 이도 결국 '너나 잘하세요'라고 말하는 잘못된 문화 현상을 경계하는 것이었다.

올해 유행했던 말 중에서 가장 안타까운 것이 '됐거든'이라는 말이다. 원래 우리말에서 '-거든'은 조사(네가 작가거든 글을 써야지/멸치도 고기거든 꽁치라면 훌륭한 고기가 아니냐)로 쓰이기도 하지만, 어미로도 많이 쓰인다. 특히 어미로 쓰일 때는 조건을 삼아 말할 때(좋거든 가져라), '-는데 하물며'의 뜻으로(어린아이도 해내거든, 어른이 못할까), 이유를 밝히거나 다짐을 나타낼 때(내가 그를 만났거든), 납득할 수 없이 이상함을 나타낼 때(아무리 생각해도 알 수 없거든) 등으로 다양하게 쓰인다. 그러나 올해 '됐거든'은 '됐-'에 어미 '-거든'이 결합하여 독특한 어법을 나타냈다. 상대방의 제안이나 기타 의견을 부정하는 상황에서 '됐거든'을 뱉어냈다. 이는 표면상으로는 거부를 의미하지만, 상대방과의 대화 단절을 통보하며 동시에 상대방을 비난하고 무시하는 정서를 담고 있다.

'됐거든'이라는 말은 우리 사회에 잠재해 있는 부정적인 모습이 언어 현상으로 표출된 것이다. 요즘 청소년들은 타인과의 소통을 원하지 않는다. 개별화된 존재로서 스스로 그 집단으로부터 격리되고자 하는 속성을 지니고 있다. 또한 사회에 대한 헌신보다는 지나치게 개인적 이익만을 추구하는 철저한 자기 생존을 위한 사고를 지니고 있다. 이러한 사고의 원천이 또래들의 대화와 혹은 제안을 거부하는 '됐거든'의 언어 표현으로 나타난 것이다.

올해 개그맨이 유행시킨 '그까이꺼~ 뭐'도 우리가 많이 따라 하며 웃었던 말이다. 어떠한 어려운 일 앞에서도 '그까이꺼~ 뭐' 하면서 자신감을 표현한 개그맨은 경비원이다. 직업을 폄하하는 것은 아니지만, 우리 사회에서 경비아저씨는 능력이 없고, 주목 받지 못하는 사람이다. 조금은 모자라는 듯한 경비아저씨의 말과 행동을 통해 우리 시대에 거창한 이념이나 대의명분을 중시하는 지식인들의 허위의식을 비꼬는 장면이 우리의 가슴을 움직였다.

오늘날 많은 사람들은 눈앞의 이해득실에 연연해하고, 하찮은 일에 필사적으로 매달리는 경우가 많다. 많이 배우고 많이 가진 사람일수록 인생을 긴 안목으로 설계하지 못하고, 욕망의 늪만 키우고 있다. 그러나 경비 아저씨는 누구나 가질 수 있는 인간의 욕심을 집어 던졌다는 점에서 의미가 있다.

어지간한 일에 대수롭지 않게 '그까이꺼~ 뭐'라고 할 수 있는 여유가 필요하다. 현대인은 아름다운 삶보다는 눈앞에 보이는 이익에만 집착하고 있다. 사실 삶의 모습은 성공에만 있지 않다. 더불어 사는 사람들의 삶의 모습을 돌아볼 줄 아는 아량과 여유가 있어야 한다. 보기에는 다소 어수룩해 보이고 모자란 듯하지만, '그까이꺼~ 뭐'라고 말하며 세상을 넉넉하게 볼 줄 아는 사람이 이 시대가 요구하는 인간형이다.

올해 유행어 중에서 영화 〈웰컴 투 동막골〉의 강원도 사투리는 우리의 마음을 따뜻하게 했다. 강원도 산골을 배경으로 한 이 영화에서 좀 모자란 듯한 배우가 했던 '마이 아파(많이 아파)/니 자들하고 친구나?(너 쟤들하고 친구니?)' 등의 대사는 영화의 인기만큼이나 사람들의 입에 오르내렸다.

　이 영화는 많은 관객을 동원하면서 흥행에 성공을 했다. 이는 무엇보다도 영화가 잘 되었기 때문이다. 하지만 우리 모두가 따뜻함을 그리워하며 사는 마음의 반작용으로 영화가 인기를 끌었다는 생각도 있다. 우리는 지나치게 거대화해가는 사회조직 속에서 소외감을 느끼고 괴로워하고 있다. 그래서 우리는 강원도 출신이 아니어도 너나 할 것 없이 말끝에 '-드래요'라는 어미를 붙이며, 영화처럼 따뜻한 공동체를 그리워했던 것이다.

　유행어는 언중이 의도적으로 만들기도 하고, 사회에서 자발적으로 만들어지기도 한다. 방송에서 연예인이 의도적으로 만드는 경우도 많다. 올해도 예외는 아니었다. 언론이 중심이 되고, 언중은 따라다녔다.

　유행어는 새롭게 만들어진 말로 시대를 풍자한다. 유행어는 사회상을 엿볼 수 있고, 사람들에게 웃음을 준다는 점에서 긍정적인 측면도 있다. 그러나 유행어의 습관적 사용은 언중의 의사소통을 불편하게 한다. 또한 유행어의 지나친 사용은 경박한 느낌을 준다. 삼가는 노력도 필요하다.

　인간 생활의 대원칙은 협동에 있다. 언어의 통일도 그 중에 하나이다. 새해에는 우리 모두가 마음을 맞추기에 노력했으면 한다. 마음을 맞추다보면 언어의 통일 같은 것은 저절로 이루어지고, 그 이외의 인간사도 모두 저절로 어우러진다.

'처녀작'은 성차별적 언어 아니다

지난해 오스트리아 마리아 라우히칼라트 여성부 장관은 '애국가 중 성차별적 가사의 일부를 뜯어 고쳐야 한다'고 주장해 반향을 일으켰다. 그는 조국을 뜻하는 'father land'는 'homeland'로, 형제의 합창을 뜻하는 'brotherly chorus'는 '즐거운 합창(joyful chorus)'으로 고쳐야 한다고 역설했다. 일부 반대론자들은 여성부 장관이 그런 사소한 것에 신경을 쓰냐고 했지만, 언어와 관련한 정책도 여성을 위한 정책 가운데 하나라고 말했다 한다.

우리나라도 내용은 차이가 있지만, 이와 비슷한 움직임이 있었다. 한국여성개발원은 '성 평등한 미디어 언어개발을 위한 토론회'를 열었다. 신문과 방송, 인터넷 언론 등 미디어 언어 분석 결과를 발표하고, 성 평등한 미디어 언어 개발과 확산 방안에 대해 논의했다.

한국여성개발원 연구위원은 일간 신문과 지상파 TV 방송, 인터넷 포털을 대상으로 모니터링한 결과 다수의 성차별적 언어가 적발됐다고 밝혔는데, ▲성을 지칭하는 단어로 남녀 모두를 포괄(스포츠맨, 금융맨) ▲성별의 불필요한 강조(여성총리, 여류작가) ▲고정 관념적 속성 강조(남자보다 강한 여자, 철의 여인)

▲성차별적 이데올로기 내포(현모양처, 미망인, 처녀작) ▲선정적 표현(쭉쭉빵빵, S라인) ▲특정성 비하(아줌마, 부엌데기) 등을 거론했다.

이와 함께 연구위원은 성차별적 미디어 언어에 대해 중성적인 표현을 사용할 것과 언어에 여성 비하나 성적 함축성을 없앨 것을 제안했다. 예를 들면 스포츠맨과 스포츠맨십은 운동선수, 운동정신으로 고치고, 처녀작은 첫 작품, 미망인은 고(故) 아무개의 부인, 아줌마는 여성, 윤락녀는 성매매여성 등으로 바꿔서 사용할 수 있다고 했다.

성차별적 언어를 성 평등한 언어로 바꿔야한다는 주장은 이미 1970년대 중반 독일과 미국의 언어학회를 중심으로 시작되었다. 이들은 남성우위의 원칙과 가부장제에 대한 비판을 통해 언어에서 동등대우를 하자는 운동을 전개했다. 이들은 언어사용에서 성차별을 해소하기 위한 방안으로 남성과 여성을 나란히 지칭하는 완전한 형태의 양자 명명을 제시했다. 예를 들어 'Chairman/Chairwoman(의장)'은 'Chairperson', 'Mailman/Mailwoman(우체부)'도 'Mailperson'으로 하는 것이다. 마찬가지로 'fireman(소방관)'은 'fire fighter', 'cameraman(카메라 맨)' 대신에 'camera operater', 'statesman(정치가)' 대신 'leader'로 하자고 했다. 기타 미국에서 여성을 결혼 여부와 상관없이 '미즈(Ms)'로 호칭하는 것도, 출판사에서 성경을 발간하면서 '하나님 아버지'라는 말을 없애려는 것도 모두 언어로 여성을 차별하는 것을 피하려는 것이다.

다행히 '의장, 소방관, 정치가' 등의 우리말 표현은 특정 성을 지칭하지 않고 있다. 하지만, 우리도 '여성총리, 여류작가' 처럼 성별의 불필요한 강조를 하고 있어 문제가 되고 있다. 이는 결국 우리 사회가 그동안 여성을 사회적으로 높은 직업군에서 많이 소외시켰다는 사실을 뒷받침한다. 이제 우리나라는 '국무총리'가 여성이고, 사회에서도 여성은 다양한 직업 영역에서 핵심적 역할을 하고 있다. 그런데도 굳이 '여성-'이라는 면류관을 씌우는 것은 여성의 능력을 무시하는 것은 물론 부정적 승인의 의미까지 담고 있다.

'미망인'도 '고(故) 아무개의 부인'으로 바꿔 쓰자고 했는데 좋은 주장이다. 혹자는 이 표현에 대해서도 남성중심의 사고라고 거부하는 사람이 있는데, 부부는 일심동체라는 큰 틀에서 생각하면 특별히 거부감이 들지 않는 표현이다. 또 '미망인'을 '과부'의 높임말로 쓰는 사람도 있는데, 이는 옛날 가부장제도 아래서 남편이 죽으면 아내가 남편을 따라 목숨을 끊는 것을 미덕으로 여겼던 사회에서 쓰던 말이다. 이 말은 고인의 아내가 스스로 지칭하면 미덕으로 여기겠지만, 타인이 지칭할 때는 안 좋다.

그 밖에 미디어 언어 표현뿐만 아니라 일상 언어생활 중에서도 고정관념적 속성을 강조하거나, 선정적 표현, 기타 특정 성을 비하 하는 것은 우리가 하루 빨리 고쳐야 할 문제이다.

그러나 '처녀작'은 성차별적 이데올로기를 내포하고 있으니 '첫 작품'으로 써야 한다는 데에는 동의할 수 없다. 먼저 '처녀(處女)'는 중심적 의미가 여러 가지로 전의(轉義)되어 쓰이는 다의어이다. 즉 '처녀'는 '결혼하지 아니한 성년 여자' 외에 '일이나 행동을 처음으로 함(처녀 출전/처녀 출판/처녀 등정)'을 의미하는 단어로도 많이 쓰인다. 따라서 '처녀작'은 성차별적 이데올로기를 전혀 내포하고 있지 않다. 오해가 없기를 바란다.

우리 사회는 오랫동안 여성을 남성에 종속시키는 생활을 했다. 이로 인해 여성은 사회에서 소외되고 가정에서도 속박되어 지내왔다. 이러한 지배와 종속의 관계는 결국 남성중심의 문화적 가치와 전통을 형성하였고, 이러한 사회체제 속에서 여성들은 언어적으로도 폄하되었다. 우리는 남성과 여성을 성으로 나누기 이전에 함께 사는 짝이라는 사실을 잊어서는 안 된다. 서로 의지하고 행복한 경험을 확대하며 살아야 한다.

보도에 의하면 공연장, 지하철 역, 고속도로 휴게소 등의 공중 화장실 안에 있는 여성용 변기가 남성용의 1.5배 이상으로 늘어난다고 한다. 간혹 남자 화장실은 한산한데 여성들이 길게 줄을 서 있는 모양을 보면 안타까웠다. 그동안 우월적 지위를 유지해 온 죄(?)값을 치르기에는 터무니없지만, 좋은 발상이라고 생각한다. 이렇게 생활의 불편함부터 조금씩 고쳐주면, 우리의 의식은 무의식중에 성숙해지고 그러다보면 언어표현문제는 저절로 해결되는 것이 아닐까 기대를 가져본다.

스스로 창조하고 누리는 생활의 주체, 책읽기

최근 사회 변화의 흐름을 핑계로 책읽기와 국어교육 등을 폄하하는 사람들을 보았다. 즉 21세기는 정보화 시대에 맞게 컴퓨터와 영어만 잘 하면 모든 길이 열리는 것처럼 말한다.

과연 그럴까. 컴퓨터와 영어만 잘하면 세상에 더 없는 인재가 되는 것일까. 결론부터 말하면 이것은 잘못된 생각이다.

지금까지 기술은 미국을 중심으로 한 소수 선진국의 전유물이었다. 하지만 지금 우리나라는 IT 분야에서 세계 최고를 자랑하고 있고, 기타 국가들도 새로운 분야에서 두각을 나타내고 있다. 뿐만 아니라, 세계는 국가간 무역 장벽이 무너지고 무한 경쟁 시대에 돌입했다. 그리고 첨단 기술도 세계가 자연스럽게 함께 공유하는 시대가 왔다. 거대한 지구는 이미 하나의 촌(村)이 되었고, 거기에 사는 많은 사람들은 갈등과 대립을 넘어 상호 의존적인 관계를 형성하며 살아가고 있다.

이제 앞으로의 사회는 의사소통적 구조가 사회의 핵심이 된다. 이러한 시대에서는 유능한 언어 사용자, 지식과 전략을 유연하게 적용할 줄 아는 사람, 더불어 사는 사람들을 감동시키는 사람이 사회의 리더가 된다. 다시 말해서, 21세기는 책을 많이 읽는 사람이 필요하다. 책을 많이 읽어서 대중을 감화시키는 지식을 가지고 있고, 구성원들의 삶의 질 향상에 기여할 수 있는 사람이 필요하다.

과거에는 책읽기를 취미나 여흥처럼 여긴 적이 있었다. 지금은 생각이 많이 바뀌었다. 우리는 독서를 하면서 지혜를 깨닫고, 삶에 대한 길을 개척해 간다. 최근에는 독서력은 학습 능력과도 상당한 상관관계가 있다는 긍정적인 보고서가 잇따르고 있다. 요즘 교육은 인성 교육에 대해서도 집중하고 있는데 독서가 가장 쉽고 빠른 방법으로 평가받고 있다.

이러한 취지로 최근 독서교육은 새로운 정보와 연구결과에 의해 더욱 정교화 되고 전문화 되고 있다. 특히 독서교육은 국어교육의 중요한 한 분야로만 여겨지다가, 모든 교과학습의 디딤돌이 된다는 연구가 거듭되면서 독립 교과로 만들어지기도 했다. 그렇지만 독서교육은 실제로 진전되는 측면이 없다.

그 첫 번째 이유는 독서교육의 방법론상의 문제이다. 독서교육을 하면서 너나 할 것 없이 책읽기를 강요하고 있는데, 이는 크게 잘못된 방법이다. 말을 냇가로 끌고 갈 수는 있으나 말에게 억지로 물을 먹일 수는 없다는 격언처럼, 책읽기의 즐거움은 무엇보다도 자유로움에 있다. 일상의 얽매임에서 벗어나, 책을 통해서 세계를 창조하고 마침내는 정신의 자유를 획득하는 것이 독서의 즐거움이다. 책을 선택할 때부터 그 세계에 빠져들고, 혹은 허우적대는 것조차도, 아니 마지막 책을 덮는 순간까지도 그 모든 선택은 자신에 의해서 결정되는 자유로움이 있다.

그런데 우리는 조급한 나머지 아이들에게 책을 쥐어주고, 빨리 읽어야 한다는 중압감만 주고 있다. 아이들에게 '중학생이 읽어야 할 책, 고등학생이 읽어야 할 책' 하면서 필독도서를 열거해주고, 심지어 '경시대회'를 하고 '독서 인증 평가'를 하고 있다.

책은 권장도서 목록으로 읽을 필요도 있지만, 운명처럼 만나면 더 감동적이다. 우연히 공감하는 만남이 독서를 지속적으로 하는 원동력이 된다. 그리고 책은 읽어서 감동의 숲으로 가는 아름다움이 있다. 책의 내용을 암기하고 기억했다가 이를 다시 객관식으로 평가해 점수를 매기는 행위는 책을 읽는 아름다운 행위를 의무나 관습으로 옭아맬 가능성이 많다.

요즘 새로운 입시 형태 즉 대학수학능력시험 및 논술고사 등으로 인해 책읽기는 초등학교까지 강조되고 있다. 하지만 무턱대고 독서량을 강조해서는 안 된다. 물론 독서를 많이 하고 풍부한 배경 지식을 쌓으면 논술을 잘하고 시험을 잘 볼 수도 있다. 그러나 독서량은 한계가 있다. 글 읽기라는 것이 생산자와 수용자의 상호 의사소통적 구조가 실현되지 않고 시간만 많이 투자한다면 아무런 소용이 없다. 오히려 배경지식을 토대로 자신의 논리를 객관화시키고 명료화시키는 능력을 키우는 것이 중요하다.

우리 어머니들은 아이들의 책읽기를 양으로만 확인하려는 경향이 있는데 이도 지양해야 한다. 책을 읽고, 혼자 생각하고 사고의 숲을 어떻게 키우는지 관심을 기울여야 한다. 어린아이일수록 책을 많이 읽는 독자가 되는 것보다 글을 능동적으로 받아들이는 연습을 통해 독서의 원리를 익히는 능동적인 독자가 되는 것이 중요하다.

신체적 건강을 유지하기 위해서는 꾸준히 운동을 해야 하는 것처럼, 정신 건강을 유지하기 위해서도 쉼 없는 독서를 해야 한다. 어린아이가 방안에 앉아서 먹기만 하면 오히려 비만이 진행되고 건강도 잃게 된다. 방에 있기보다 밖에 나가서 스스로 성장점을 자극하며 땀을 흘리고 노는 것이 올바르게 큰다. 마찬가지다. 아이가 세계와 만나기 위해서는 책을 많이 읽어야 하지만, 스스로 성장의 사고를 하지 못한다면 무성한 숲속에서 헤매는 미아로 남게 된다.

　미래 사회에도 부가가치가 높은 기술은 우리 삶에서 중요한 부분을 차지할 것은 분명하다. 그러나 우리 삶의 가장 핵심적인 역할을 하는 것은 앞에서도 언급한 것처럼 사람들의 관계이다. 지식이 풍부하고 더불어 사는 사람들을 이해할 줄 아는 따뜻한 사람이 미래 사회의 지도자가 된다. 책은 사람이 만들지만, 사람은 다시 책에 의해 만들어진다는 말이 있다. 이제 책을 읽는 것은 선택이 아니다. 한 인간이 뜨거운 가슴을 창조하기 위해서 스스로 감당해야 할 몫이다.

책 읽기, 그 존재의 자유로움 즐기기

그럭저럭 책과 오래 살았다. 어릴 때부터 책 읽기를 좋아해, 책과 함께 평생 살아왔다. 그러다보니 책과 관련된 일화는 제법 이야깃거리가 될 만한 것이 많이 있다. 입만 열면 책에 관한 이야기를 했으니 여기서 말 하려고 하는 것도 이미 비슷하게 활자화된 적이 있을지도 모른다. 그러나 책에 대한 이야기는 하면 할수록 맑은 샘이 솟는 것처럼 새로운 이야기가 엮어지는 매력이 있어 또 시작한다.

맨 먼저 어린시절 이야기부터 해야겠다. 부잣집 친구 집에 갔다가 위인전을 본 적이 있다. 몇 장 넘겨보다가 아예 푹 빠져버렸다. 친구에게 부탁해서 계속 빌려보려고 했는데, 친구의 어머니가 곱지 않게 보는 것이었다. 주인인 친구는 읽지 않는데, 객인 내가 탐을 내고 있으니 마음이 편치 않았나보다. 이런 눈치에 내가 순순히 물러나지 않는 것이 책에 대한 나의 욕심이다. 해서 내가 친구의 과외(?) 지도에 나섰다. 학급에서 친구보다 몇 등 앞서는 얄팍한 실력으로 친구의 공부를 도왔다. 수학 같은 것은 가르치기도 하고, 암기과목은 친구와 문답식 공부를 하며 도와주었다. 이렇게 품을 파는 것이 안쓰러워 친구 어머니는 먹는 것을 챙겨주시곤 했지만, 나는 책을 떳떳하게 빌려 보는 것이 제일 즐거웠다.

　고등학교 시절 방황의 늪을 헤맬 때도 책이 나를 구했다. 그 시절 나는 잿빛 사춘기를 심하게 앓았다. 난 그 시절에 철저하게 혼자라는 외로움에 떨었다. 사는 것도 침묵으로 치달았다. 그 때 나를 잡아준 것이 책이었다. 독일의 철학자 니체가 대학시절 고서점에서 쇼펜하우어의 책에 매혹되어 14일간 밤을 자지 않고 통독을 했다는 일화가 있듯이 나도 책에 매혹되어 밤을 밝히는 것이 여러 날이었다. 책이 아니면 밤을 견딜 수가 없었다. 상실감에 빠져 있을 때 의지를 촉발해 준 것이 책이었다. 그때 책이 없었다면, 나는 곁길로 갔을 것이다. 그 고독한 밤을 책이 있었기 때문에 이겨낼 수 있었다.

　내가 남보다 시대에 일찍 눈을 뜬 것도 책 덕분이었다. 청계천 헌 책방에서 〈사상계〉라는 잡지를 보면서, 정의를 세우기 위해 권력에 대항하며 사는 지성인들의 아픔을 알았다. 대학에 입학해서 유신의 붕괴를 보고, 80년대 암울한 시대에 현실과 아슬아슬한 줄타기를 할 때도 나는 헌 책방 구석에서 '금서(禁書)'를 보면서 영혼의 자유로움을 만끽했다.

　고등학교 시절 나는 책을 읽는 것에만 만족을 느끼지 못하고 책을 모으는 데까지 손을 뻗쳤다. 대학 때도 군에 있을 때도 책을 사러 부산까지 다니면서 내면 깊숙한 곳에서 꿈틀거리는 역마살을 달랬다. 귓등으로 들은 것이 있어서 잡지 창간호를 사고, 초판본 시집을 샀다. 고서(古書)의 묘한 향기에 취해 돈도 많이 퍼다 부었다.

　뿐만 인가. 나는 운이 따라 교직에 발을 들였고, 문학을 가르치는 선생이 되었다. 이래저래 아이들에게 책읽기를 강조하고 다녔고, 책 읽는 프로그램을 투입할 때는 앞장을 섰다. 더 나아가 직접 출판한 책도 갖고 싶었는데, 제법 근사한 책을 출판하는 즐거움도 맛보았다.

아무튼 책이란 나에게 평생 좋은 기억만 있다. 그런데 최근 나를 괴롭히는 일이 하나 있다. 소위 독서능력시험 제도이다. 이와 관련된 단체에서 나에게도 일정한 역할을 제의해 왔는데 정중히 거절했다. 이 시험만이 아니라 독서논술경시대회니 독서인증제니 하면서 아류 시험이 계속 만들어지고 있다. 위 시험주체자들은 독서능력인증은 학교생활기록부에 기재된다는 자랑을 일삼고, 광고를 할 때도 책을 많이 읽으면 공부를 잘한다고 부추기고 있다.

물론 독서는 지식과 정보를 습득할 수 있다. 또 독서는 국어를 비롯하여 다른 교과 학습을 이끌어 주는 도구로도 작용하기도 한다. 그러나 독서의 즐거움은 무엇보다도 자유로움에 있다. 일상의 얽매임에서 벗어나, 책을 통해서 세계를 창조하고 마침내는 정신의 자유를 획득하는 것이 독서의 즐거움이다. 책을 선택할 때부터 그 세계에 빠져들고, 혹은 허우적대는 것조차도 아니 마지막 책을 덮는 순간까지도 그 모든 선택은 '나'에 의해서 결정되는 자유로움이 있다.

그래서 나는 아이들에게 권장도서니, 필독도서니 하면서 책 목록을 열거해서 유인물로 만들어주는 일은 자제하려고 노력하고 있다. 굳이 이 일을 해야 할 때면, 많은 책을 제시해주고 마지막 선택은 아이들에게 맡긴다.

책은 읽어서 감동의 숲으로 가는 아름다움이 있다. 거기서 내용을 암기하고 기억했다가 이를 다시 객관식으로 평가해 점수를 매기고 능력을 인정하는 증서를 주는 행위는 아무리 생각해보아도 우스운 일이다. 책을 읽는데 인증이 뭐 필요하고, 등급을 매긴들 무슨 소용이 있단 말인가.

　나는 어린 시절부터 누군가 내게 책을 읽을 것을 권하지도 않았다. 권장도서 목록도 어디에도 없었다. 있어봐야 고작 선배고 선생님이었다. 고등학교 때 문예반 선배가 단테의 『신곡』이 읽을 만하다고 해서 달려들었다가 고생했다. 그때 뜻도 모르고 책을 읽다가 중간에 포기했다. 그런데 이번에는 수업 시간 끝물에 선생님이 당신께서 단테의 『신곡』을 고등학교 때 읽었다며 감명 깊었던 추억을 말씀하셨다. 결국 '남이 저렇게 감명을 받았다는데 나라고 못 읽겠는가' 하고 자존심을 앞세워 주인공의 이름을 공책에 써가면서 읽었다. 그리고 한참 동안 책을 다 읽었다는 자부심에 젖어 있었다.

　요즘 논술시험 준비와 대입 준비를 위해서 책을 읽을 것을 강조하고 있다. 하지만 쉽게 나아지는 것은 없다. 책을 통해서 정신의 자유로움을 누려야 한다. 지금 아이들이 책을 안 읽는 것이 아니라, 그 자유로움을 누릴 시간이 없어서 그렇다. 아이들에게 영혼을 맑게 하는 자유로움을 줘야 한다. 스스로 책을 읽으면서 뜨거워질 수 있는 자유로움을 줘야 한다. 글쓰기도 마찬가지다. 지금 내가 문단의 말석에 앉아서 글줄깨나 쓴다고 궁싯거리곤 하는데, 이 모두가 책을 읽던 습관이 만들어낸 즐거움이다. 아이들을 채근하기 전에 책에 가까이 가도록 도와주는 우리의 자유로운 생각이 힘을 발휘할 때이다.

논술 교육은 대학이 맡아야

최근 대학입시에서 논술시험의 비중이 커지고 있다. 특히 수도권에 있는 중상위권 대학의 논술시험이 강화되면서 수험생들은 입시학원으로 몰려가고 있다.

이로 인해 교육계뿐만 아니라, 사회 전체가 몸살을 앓고 있다. 가정 먼저 학교는 공교육의 역할을 제대로 못하고 있다고 누명을 쓰고 있다. 아울러 사교육 시장이 팽창하면서 학부모들의 가계 부담이 엄청나고, 계층간 위화감도 가중되고 있다.

이런 사정을 감안해 서울대는 강남 학원 문제를 검토해 모두 제외하겠다고 했다. 그 외 타 대학도 학원에서 단기간에 배운 논술기법은 배제하겠다는 발표가 있었다. 하지만 시험을 앞둔 고등학생들은 강남으로 더 몰리고 있다는 보도가 나오고 있다.

지금 너나할 것 없이 논술시험 준비가 학교교육의 중심이라고 말하고 있다. 그래서 교육부는 대학과 손을 맞잡고 논술 협의체와 고등학교 교사들의 연수를 통해 논술시험 준비를 공교육으로 끌어들이겠다는 계획을 하고 있다.

그러나 논술시험은 대학입학 시험일 뿐이다. 며칠 전 서울대학교 윤희원 교수가 조선일보와의 인터뷰에서 밝힌 것처럼 서울대 합격자를 가려내기 위한 것이다. 마찬가지로 세칭 명문대 중심으로 실시하는 대학별로 논술시험은 자기 대학의 수준에 맞는 학생들을 선발하기 위한 제도이다.

현재 우리나라 대학입시 제도는 크게는 동일 형태의 범위에 있지만, 세부적으로는 대학별로 그리고 대학 내 단과대학별로 전형방법이 다르다. 따라서 고등학교에서는 여기에 대응하기도 벅차다. 그런데도 언론은 고등학교에서 아이들의 수요에 맞는 입시 정책을 펴지 못한다고 공교육을 비난하고 있다.

거듭 이야기하지만 일반계 고등학교는 다양한 수준의 아이들이 모여 있다. 진학하고자 하는 대학도 저마다 다르다. 이런 상황에서 몇 명의 교사가 그들의 수요에 모두 발을 맞추는 것은 구조적으로 한계가 있다.

필자는 대학이 논술시험을 포기하기를 바란다. 논술시험이 학교교육의 정상화에 기여하고 있다지만, 논술시험은 오히려 부작용이 더 크다. 대학은 수학능력시험과 학교생활기록부를 적절히 활용하면 신입생을 뽑는 데 문제가 없다. 이도 수용하지 못하는 대학은 인적성 시험을 활용하는 방안도 있다. 대학은 학교생활기록부를 인정하지 않기도 하는데 이것은 횡포이다. 학교생활기록부는 공교육의 안정화 등에 기여할 수 있다는 점에서 적극적 의지를 가지고 반영을 높여야 한다.

일부 상위권 대학은 자율권 행사를 이유로 논술시험과 함께 대학별 고사를 부활해야 한다고 주장하고 있다. 그러나 우리나라 대부분의 대학은 입학생도 채우기 힘든 상황이다. 그런데도 이런 주장을 하는 이유는 나쁜 의도가 있다는 뜻이다. 입학 성적이 제법 상위권에 있다는 자만심을 내세워 현재의 위치를 더욱 고착화시키려는 의도이다. 시대의 변화에 따라 자리가 위태해지는 상황을 우려해 미리 자리매김을 단단히 하자는 고도의 생존 전략이 숨어 있다.

대학은 수능점수 몇 점 높은 학생을 뽑는 것보다 우수 학생을 기르는데 기여해야 한다는 의식의 전환이 필요하다. 고등학교 교육을 성실히 이수한 학생들을 뽑아서 시대에 맞는 인재로 키우는 것이 오늘날 대학이 감당해야 할 사명이다.

그런 의미에서 논술교육은 대학에서 하는 것이 자연스럽다. 논술 전문가인 교수들과 대학의 제반 시스템을 이용한다면 교육도 용이하고 효과도 크다. 지금과 같은 사교육 시장도 잠식시킬 수 있다.

고등학교에서 하는 대입논술준비는 대학 입학 후 대학 학습과 연계되는 면도 없어 교육적인 면에서도 효과가 없다. 오히려 상급학교 진학을 위한 논술준비는 그것이 목적이 되어 사교육이 기승을 부리는 등 교육적 효과도 왜곡되어 버렸다. 그렇지만 대학에서 교양과목부터 전공과목까지 논술 강좌를 개설하여 체계적으로 교육한다면 지금보다 훨씬 교육적이다.

앞에서도 이야기한 것처럼, 고등학교에서 하는 대입논술준비는 물리적으로 불가능한 측면이 많다. 그 효과도 검증되지 않았다. 논술능력을 고등학교에서 단기간의 교육으로 향상시키려고 하는 것보다 대학에서 전문훈련을 통해 논술 능력을 향상시켜야 한다. 논술처럼 고등 능력을 키우는 것이 대학의 역할이다. 대학은 고등학교 성적이 우수한 학생들을 뽑기보다는 대학에서 교육을 시켜 크게 성장할 학생을 뽑는 데 힘을 쏟아야 한다.

대입 논술과 언론의 역할

대학입시에서 논술시험의 비중이 커지고 있다. 특히 수도권에 있는 중상위권 대학의 논술 시험이 강화되면서 해당 수험생들뿐만 아니라, 웬만한 사람들은 입만 열면 논술이 교육의 대세라고 말하고 있다.

언론도 예외가 아니다. 방송과 신문이 지금 당장 논술의 대열에 서지 않으면 경쟁에서 완전히 도태 당하는 것처럼 역설하고 있다. 논조도 설득이 아니라, 강요를 하고 있다.

그러나 지금 모두가 논술시험이 우리 교육의 핵심이라고 하는데 정확한 진단이 아니다. 논술은 서울 중상위권 대학의 시험 제도이다. 그것도 실질 반영률이 아주 미미한 시험 제도이다.

그런데도 언론이 논술의 깃발을 들고 앞장서는 것은 상위권 대학에만 집중하는 것이다. 이는 언론이 대중을 바라보는 것이 아니라, 사회를 움직이는 힘이 있는 자들에게 집중하는 현상과 동일한 것이다. 얼마 전 논술시험의 채점 교수들이 채점의 공정성을 의심하는 통계 자료가 발표되었지만 언론에서는 일회적 보도로 끝냈다. 입학시험 채점에 50퍼센트에 가까운 교수가 공정성에 의심을 하고 있다면 사회적 문제가 될 수 있다. 당연히 언론은 이 문제에 대해 진지하게 성찰하고 개선의 마당을 마련해야 하는데 그동안 추구해온 의식의 틀 때문에 심층 취재의 장을 마련하지 못했다.

오히려 국내 메이저 신문은 논술섹션을 발행하면서 논술 사교육도 부추기고 있다. 논술섹션은 꽤 많은 정보를 제공하며 떠들고 있지만, 이는 이미 시중에 나와 있는 논술 참고서의 일반적 내용이다. 출제경향도 새로운 것이 없다. 이미 대학 홈페이지에 있는 내용을 재가공해 내놓고 있다. 결국 논술섹션은 정보의 낭비이다. 이로 인해 직접 필요도 없는 사람들까지도 논술의 불안에 떨게 하며 사교육 시장에 매달리게 한다.

논술시험이 대학입시에서 차지하는 비중이 크고, 독자들도 관심이 많기 때문에 신문은 독자를 위한 서비스 차원에서 논술섹션을 발행할 수 있다. 하지만 신문에서 '논술 걱정을 한 번에 해결하는 섹션' 발행은 아무리 곱게 보려고 해도 지나친 면이 많다. 다 아는 것처럼 논술은 단기간의 효과가 없다. 또한 논술교육은 직접 교육의 성격이 짙다. 따라서 신문에 따르는 논술 부록은 교육효과가 아주 적다.

신문사의 자사 논술 발행에 대한 홍보도 지나치다. 검증되지 않은 통계로 구독률을 홍보하고 있다. 언론사는 학원과 연합하여 논술교재도 발행했는데, 하단 광고에 하루도 거르지 않고 나오며, 기자는 이를 다시 본문 기사에서 반복해서 다루고 있다.

결국 신문의 논술섹션은 독자를 위한 것이 아니라, 거대 자본을 이용해서 자사의 독자층을 확보하기 위한 상업적인 전략으로 보인다. 자본주의 체재 내에서 언론사는 기업적 속성을 가지는 것은 어쩔 수 없는 현실이지만, 나름대로 공익에 기여해야 하는 것이 또한 언론이 짊어져야 할 과제이다. 따라서 발행 부수를 늘

리기 위한 상업적인 전략보다는 사회의 정의 실현을 위해서 목소리를 내야 한다.

필자도 논술 자체가 나름의 가치를 가지고 있다는 데는 동의한다. 또한 대학입학시험에 논술시험이 일정 부분 필요하다는 현실도 수긍한다. 그러나 지금처럼 맹목적으로 접근하는 것은 문제의 본질을 놓칠 수 있다. 충분한 점검 없이 맹신하면 외형적인 모습에 매달리게 되고 결국은 본질의 접근에 실패한다. 실제로 언론에 의해 일상에 침투해 버린 논술의 메커니즘은 우리 사회에 건전한 에너지를 만들지 못하고, 사교육의 팽배라는 기현상을 만들어냈다.

학교에 필요한 것은 논술시험 준비가 아니다. 사고력을 키우고 창의성을 키우는 다양한 교육 방법이다. 신문은 대학입학 준비를 위한 논술문제 제시와 해답을 상세히 싣는 행위를 중단하고 논술의 기초가 되는 독서와 글쓰기 습관 교육의 중요성을 역설해야 한다. 신문은 사고력을 키우고 창의성을 키우는 원론적인 교육풍토를 조성하는 데 앞장서야 한다. 채점기준을 제시하고, 출제 교수의 변을 싣는 행위는 신문의 역할이 아니다.

담임 선택제와 수요자 중심 교육

서울의 한 고교가 올해 신입생을 대상으로 학생이 직접 원하는 담임을 선택하는 '담임 선택제'를 실시키로 했다는 보도다. 학교 측은 '교육 수요자인 학생과 학부모에게 학급 담임선생님을 선택할 수 있는 기회를 주려고 올해 신입생에 한해 전국 최초로 담임 선택제를 시행하기로 했다'고 밝혔다.

시대의 패러다임이 바뀌면 그에 따라 학교 환경의 인식과 제도도 변해야 한다. 그러나 담임 선택제는 왜 하는지 그 명분이 뚜렷하지 않다. 학교 측은 교육 수요자인 학생과 학부모에게 학급 담임선생님을 선택할 수 있는 기회를 주려고 했다고 하는데 이는 잘못이다.

먼저 학교 측은 수요자 중심 교육을 잘못 이해한 듯싶다. 수요자 중심 교육이란 학습 수행과정에 있어서 학생의 수준에 맞는 학습량을 제시하거나, 수요자의 학습 환경을 배려하는 것이다. 피교육자가 담임교사를 선택하는 것은 수요자 중심 교육과 관련이 없다.

보도에 의하면 담임 선택은 1학년을 상대로 했다. 학교 홈페이지에 예비 담임교사들의 사진·과목·학급운영 방침 등을 홈페이지에 게재했다. 그러면 학생은 인터넷을 통해 담임을 선택

했나보다.

 학교 실정도 모르는 신입생이 몇 줄의 학급 운영방침을 보고 선생님을 선택한다면 그 선택은 어떤 의미가 있는가. 담임을 선택하는 이유가 혹 질 높은 교육을 받기 위한 것이라면 그것은 더욱 잘못된 제도이다. 선생님을 만나는 데 사진과 몇 줄의 이력으로 할 수 있단 말인가.

 말하기 좋아하는 사람들은 담임 선택제가 최선이라고 하는데, 그렇다면 수요자가 선택할 담임이 없을 때는 어떻게 할 것인가에 대한 대안이 있어야 한다. 그때 가서 수요자가 구미에도 맞지 않는데, 남아 있는 물건 고르듯 선택하라고 할 수는 없는 것이다. 담임이 여러 명이어서 취(取)하고 사(捨)하는 것이 있다면 선택의 의미가 있지만, 한정된 인원 수 내에서 고르라는 것은 선택의 진정한 의미를 발견할 수 없다.

 최근 사회는 시장경제 원리가 팽배해지는데 학교도 예외가 아니다. 따라서 학교도 신속한 경영성과를 내야 한다는 조급성에 취해 있다. 담임 선택제는 조급성이 빚어낸 잘못된 제도이다. 담임 선택제는 전형적인 전시 행정이다. 이는 학교문화를 퇴보시키는 일이고, 학교 조직의 안정성을 해치는 일이다.

 담임 선택제도 그렇지만 지난 번 초등학교 마빡이 입학식도 학교가 잘못된 사회적 경향에 편승을 한 예이다. 입학식에 교장 선생님 이하 전 선생님들이 어린 아이들을 위해 마빡이 동작을 하고 들어섰다는데 도대체 무엇을 얻었는지 묻고 싶다. 아이들이 학교에 첫발을 내딛는데 텔레비전의 건전하지 못한 프로그램 내용을 선생님들이 따라하는 장면을 보며 아이들은 무엇을 느꼈을까. 참으로 서글픈 현실이다.

시대의 변화를 이유로 무턱대고 오랜 전통 문화까지 부정해서는 안 된다. 글로벌 경쟁 환경에서는 학교를 학교답게 하는 것이 최선이다. 교육은 경제 원리와 달라서 의도적이고 때로는 강제적인 성격이 많다. 수요자를 핑계로 교육 외적인 활동으로 인기를 얻으려는 행위는 교육의 질적 하락을 낳는다. 아니 철학이 부재한 이벤트 성격의 교육활동은 결국 학교의 부정적인 모습만 키운다.

지금 우리에게 필요한 것은 따뜻하고 아름다운 학교문화 창조이다. 만남을 통해서 교감을 나누는 것은 인간만이 누리는 고차원적인 문화이다. 고귀하고 아름다운 만남을 통해서 성숙한 인간이 될 수 있다. 청소년기에 선생님과의 만남은 평생의 등불이 될 수 있다. 나의 영혼을 빛나게 하는 선생님과 만남. 그것은 필요에 의해서 선택하는 것이 아니라 운명처럼 만나야 한다.

맹목적인 학교 비판 삼가야

언제부턴지 학교가 비난의 대상이 되고 있다. 선생님들, 그리고 학교의 교육방식, 심지어 선생님과 제자들의 관계도 비난의 화살을 맞고 있다.

오늘날 민주사회에서는 권력이 있는 사람도 잘못했다면 뭇매를 맞는다. 따라서 학교에 문제가 있다면 당연히 비판의 심판대에 서야 한다.

하지만 최근 학교를 비난하는 사람들을 보면 학교의 모습을 정확히 보지 못하고 있어 안타깝다. 그들은 적당히 신문지상에 나와 있는 문제점을 가지고 이야깃거리로 삼으면 남의 동의를 얻을 수 있다고 생각하는 듯하다.

며칠 전 어느 대학총장이 학교에서의 두발문제에 대해서 언급한 것도 마찬가지다. 그 분은 학교의 두발규정은 과거 권위주의의 소산이고, 인권 탄압의 실례라며 언성을 높였다.

과연 그럴까. 모든 사회조직은 그 나름대로의 문화가 있다. 회사는 회사대로, 군대는 군대대로, 또 대학과 고등학교, 초등학교의 문화가 다르다. 여기서 대학 문화만 좋고, 고등학교 문화는 잘못된 것이라고 말할 수 없다. 고등학교의 두발규정도 학교의 구성원인 학생, 교사, 학부모가 동의해서 지키고 있는 전통이고 문화이다. 전체 구성원의 생각은 살피지도 않고 일부의 푸념만 듣고, 일반화하는 것은 잘못된 논리이다.

그들은 머리를 꼭 길러야만 인격을 존중하는 것처럼 이야기하는데 이도 잘못된 판단이다. 학교는 머리 길이에 집착하는 것이 아니라, 공유하고 있는 학교문화를 가르치고 있는 것이다. 머리를 단정히 하고, 옷매무새를 단정히 하는 것도 아이들에게 필요한 교육이다.

또 총장은 학교 운동장 가운데 있는 조회대를 일제 때부터 보아오던 사열대라고 언급했다. 일제 강점 시대 군국주의의 대표적 상징인 사열대 때문에 학교에서 체벌 행위 같은 권위주의적 발상이 사라지려면 요원하겠다는 걱정을 했다.

필자가 견문이 넓지 못해서 조회대가 이러한 역사적 배경을 가지고 있는지 몰랐다. 그러나 분명한 것은 학교의 조회대는 이러한 기능과 전혀 관련이 없다. 조회대는 어쩌다 하는 학교 행사 때 교장 선생님이 이곳에서 학생들을 칭찬하고 격려의 말씀을 해주시는 곳이다. 조회대가 운동장보다 조금 높은 것은 권위를 내세우기 위한 것이 아니라, 전교생이 보이기 쉽도록 한 것이다.

학교의 조회대는 아이들의 놀이터다. 필자가 근무하는 학교의 운동장은 모래가 날리니, 조회대에서 여자 아이들이 줄넘기를 많이 한다. 총장은 지붕이 있는 조회대는 더욱 위압적이라고 했는데, 오히려 이 지붕이 있어 아이들은 이곳을 더 좋아한다. 여름에 조회대의 지붕이 만드는 그늘에서 아이들은 아예 누워서 휴식을 취한다. 체육시간에 갑자기 소나기가 쏟아지면, 이곳에서 비를 피하기 때문에 지붕이 얼마나 고마운지 모른다.

지금 교육의 위기는 선생님도 학생도 아니다. 그렇다고 학교는 더욱 아니다. 우리의 교육은 제도가 잘못된 것이다. 정제되지 않은 정책이 잘못된 것이다. 그리고 정확히 알지도 못하면서 학교 비판에 열을 올리는 사회풍조 등이 복합적으로 양산해 낸 것이다.

학교문제에 대해 걱정을 하는 사람들은 학교의 실체를 피상적으로 알고 있는 그야말로 비전문가들이다. 그들은 사회적으로 널리 알려져 있는 부정적인 학교의 모습에 대해서 이러쿵저러쿵 하다가 결국은 대안도 제시하지 못하고 있다. 이러다보니 이들의 잘못된 진단은 선량한 국민들에게 학교가 비리의 온상인 느낌만 갖게 한다.

이제 제발 지성인답게 제도와 정책의 비판을 통해서 학교의 올바른 문화 건설을 역설해야 한다. 학교문화를 바르게 보고 신중하게 이야기를 했으면 하는 바람이다. 학교는 우리 아이들이 꿈과 희망을 키우는 곳이다. 아직도 학교는 아름다운 문화가 많이 존재한다. 그들이 격려해주고 다독여 주면 우리는 학교에서 미래 선진국의 희망을 발견할 수 있다.

방송의 학교 왜곡, 바로잡아야

OECD가 내놓은 국제 교육환경평가에서 우리나라는 학생들의 학교 소속감이나 교사의 헌신도는 조사대상 가운데 최하위권으로 평가받았다고 한다. 지상파 방송국에서는 이런 현상이 공교육 붕괴에 기인하고 있다고 보고 있다. 그리고 이를 바로잡는 데는 교단 개혁이 시급하다며 기획 시리즈를 내보내며 호들갑을 떨고 있다.

그러나 방송보도 내용을 지켜보니 공교육을 바로잡기보다는 우리의 학교교육을 노골적으로 추락시키고 있어 우려가 된다. 지금까지 방송도 문제점이 있었지만, 지난 번 '학교보다 학원이 좋아요' 라는 방송은 왜곡보도 차원을 넘어 우리 사회에서 방송의 기능을 다시 생각해 보게 하는 내용이었다.

방송내용은 이랬다. 학교 교실에 있는 아이들은 선생님이 수업하는 중에 엎드려 자고 있고, 학원에서는 회초리로 맞아 가면서 수업을 받고 있다. 전달 효과의 극대화를 위해 두 장면을 대비시켜 보도하며, 기자는 학원에서 학생들은 강사의 열띤 강의에 집중하고 있다고 강조했다. 또, 학교의 모습은 휴대전화로 문자를 보내는 학생과 MP3로 음악을 듣는 학생들이 클로즈업 되었다. 학생도 인터뷰를 했고, 학부모도 인터뷰를 했다. 그 내용은 모두 학교와 학원을 비교해서 학교교육이 잘못되었다는 것이다. 심지어 생활지도면도 학원이 우수한 것처럼 방송을 했다.

방송내용은 기자가 몰래 카메라를 들이대는 것처럼 촬영했지만, 연출로 만들어진 것이 분명하다. 수업 중에 귀에 MP3를 꽂고 음악을 듣는 장면이나, 수업 중에 휴대전화로 문자를 보내는 장면은 학교에서 실제로 보기 힘든 상황이다.

이날 방송은 여러 면에서 심층취재에 접근하지 못했다. 취재가 아니라, 기획의도에 따라 만들어진 방송이라는 인상이 짙었다. 이러다보니 표면에 있는 현상만 말하고 통찰하지 않은 보도가 나올 수밖에 없다. 이런 경우는 사실이라고 해도 편집의도에 따라 전달내용이 확대 재생산될 수 있는 위험성이 많고, 결국 진실을 왜곡할 우려가 있다.

다음으로 방송내용이 극히 일부를 일반화해 사실을 왜곡하는 경우가 많은데, 이날도 예외가 아니었다. 일반화는 우리의 인식을 돕는 측면도 있지만, 많은 경우는 오류가 발생한다. 다시 말해서 일부의 사례로 방송을 하는 경우는 방송의 생명인 진실과 만나기 어렵다. 정확한 보도를 위해서는 현상을 전체적으로 보아야 하고, 풍부한 사례를 근거로 진실추구에 접근하는 취재 태도가 필요하다.

언론 매체에 등장하는 학교의 부정적 모습은 왜곡된 면도 있지만, 모든 조직에서도 자연발생적으로 일어나는 현상이다. 물론 이런 부정적인 모습은 극히 일부라고 해도 어느 조직에서나 근절되어야 할 악습이다. 하지만 언론에서는 유독 학교사회만 부패한 것처럼 여론화하고 그것을 교사가 책임을 져야하는 식으로 보도를 하고 있다. 이도 언론이 공평하지 못한 비난에 앞장서는 것이다.

학교와 학원은 모든 기능과 역할이 다른데도 방송은 이를 평면 비교해서 학교의 모습을 왜곡시키고 있다. 학원은 교과지식을 자의적으로 편리하게 조직화해서 가르치는 곳이다. 그러다보니 학원을 다니는 아이들의 두뇌 속은 이미 정해진 물음과 정답이 기계적이고 단선적인 회로로 고정화되어 가기도 한다. 국가기준의 교육과정과는 상관없이 수요자의 요구와 공급이 맞아 떨어지는 곳이 학원이다. 그러나 학교는 국가기관의 일부로 고유의 임무와 역할이 있다. 학원처럼 임의로 만든 평가도구를 활용하거나 단기간의 학습결과로 학생을 보는 시각도 경계해야 하는 곳이다. 학교는 학습결과 그래프가 올라가는 것을 채근하는 곳이 아니다. 학교는 개인이 남과 더불어 사는 방식을 배우는 공간이고, 지식교육 이전에 이념과 철학을 바탕으로 아이들의 꿈이 익어가는 미래를 기다리는 곳이다.

학교의 기능이 이런데도 불구하고 최근 사회적 분위기는 교육개혁이라는 미명 하에 학교가 어떻게 하면 단기간에 경제적 생산성을 더 높일 것인가라는 잘못된 생각이 무성하다. 잘못된 생각을 바로잡는 일에 오히려 방송이 앞장서야 한다. 방송은 대중이 상황을 통찰하고 진실 추구에 접근할 수 있도록 현상의 이면에 카메라 앵글을 맞추어야 한다. 방송은 그 막강한 영향력을 이용해 역사적 가치와 진실한 삶을 읽어낼 수 있는 취재를 통해 학교 문화를 선도하는 사회 정의의 종(鍾)이어야 한다.

마지막으로 간과해서는 안 될 것은 오늘날 교육계의 위기는 몇 년 전부터 양산된 잘못된 교육정책이 빚은 결과라는 것이다. 그렇다면 제도와 정책의 비판을 통해서 학교의 올바른 문화 건설을 역설해야 한다. 평생을 교직에 몸 바치고 있는 선생님들에게 '교직이 철밥통' 이라는 사기를 저하시키는 협송(?)은 그만해야 한다. 그렇지 않고 지금처럼 교육현장을 왜곡하는 방송을 계속한다면 교육을 통한 우리의 희망 찾기는 점점 더 멀어진다.

우리 대학이 나아갈 길

흔히 '상아탑'이라 불리는 대학은 지성의 상징으로 시대의 첨병 역할을 해왔다. 우리나라 대학도 우수 인재 양성 배출을 통해 70년대 산업화에 기여했다. 아울러 대학은 시대와 첨예하게 맞서면서 이 땅에 민주화의 씨앗을 뿌리고 열매를 맺게 했다. 결국 오늘날 우리가 누리고 있는 물질적 풍요와 사회적 안정이 모두 대학교육이 만들어 냈다는 것은 부인할 수 없는 현실이다.

그러나 현재 우리 대학의 모습은 어떤가. 그 모습은 매우 부정적이다. 2005년도에 IMD(스위스 국제경영개발원)에서 발표한 대학의 교육경쟁력 국가순위(세계경쟁력 연감)에서 우리나라는 조사 대상 60개국 가운데 52위를 기록했다. 영국의 한 주간지가 선정한 100대 대학에서도 아시아의 여러 대학이 상위에 올랐지만, 우리 대학은 서울대만이 63위의 자리를 차지했다.

대학교육에 대한 부정적 평가는 국제평가 결과에서만 나타나지 않는다. 국내에서도 대학 졸업생 10명중 6명은 대학교육의 내용이 기업에서 요구하는 능력과 부합하지 않는다고 보고하고 있다. 상장기업 CEO들을 대상으로 조사한 결과, 대학교육의 만족도 수준은 10점 만점에 5.82점으로 매우 실망스러운 것으로 조사되었다.

이에 대한 문제점 진단은 대학 교육 과정부터 교육 여건 등 여러 가지로 접근이 가능하다. 하지만 필자는 그 첫 번째 문제점이 현재의 대학입시제도에 있다고 본다. 우리 대학의 입시제도는 우수 학생을 뽑는 것처럼 보이지만 현재 대학이 안고 있는 고질병에 지나지 않는다. 대학은 수학능력 점수가 몇 점 높은 것이 우수한 학생이라는 잘못된 편견에 안주해 왔다. 그에 따라 대학은 신입생을 뽑는 데만 급급했지, 우수한 교육에 필요한 스스로의 성장 동력을 발휘하지 못하고 침체되어 왔다.

자연히 우리나라 대학은 '입학이 곧 졸업'이라는 등식에 발이 묶여 있다. 그것도 취업을 위해서 후한 학점을 남발하고 있다. 신입생 관리는 있지만, 재학생 관리는 전혀 없는 형편이다.

대학의 입시 정책은 오직 수능 점수가 1점이라도 높은 수험생을 입학시키는데 혈안이 되었다. 그러다보니 서울대 입시에서 논술을 보면 수도권의 명문 사립대도 일률적으로 그 대입 제도를 따라갔다. 그래야만 서울대학 입시에서 실패한 우수한(?) 수험생들을 용이하게 유인해서 교육을 시킬 수 있었다.

언론도 마찬가지다. 수능점수에 의해 대학을 서열화하는 데 앞장섰다. 자연히 국내 대학은 이 서열에 안주하고, 서열이 뒤처지는 대학도 쓸데없는 순위에 집착하면서 경쟁력을 잃어갔다.

점수에 집착하는 대학입시는 오늘날 우리 학교교육을 어렵게 하는 주범으로 떠올랐다. 지식위주의 교육이 팽배하고 사교육비 증가를 부추겼다. 학벌과 학력 위주의 사회를 형성하고 간판 위주의 고용과 임금정책도 고착화시키면서, 사회 전반에 부정적 모습으로 자리 잡았다.

우리나라 중고등학교 학생들은 국제올림피아드 등에서 세계적인 성적을 거둔 바 있다. 실제로 우리나라 중고등학교 학생들의 성취도는 중학교 2학년을 국제 비교한 TIMSS의 연구결과에서나, 고등학교 1학년을 주축으로 한 만 15세 학생들을 대상으로 한 PISA의 연구결과에서 공히 세계 최고의 수준임을 나타내고 있다.

이렇게 우수한 학생들이 대학에 입학하고 있지만, 우리 대학의 국제경쟁력이 뒤처진다는 것은 결국 대학의 질 높은 교육을 의심할 수밖에 없다. 대학은 외적 성장에 총력을 기울이고, 특정 대학과의 국내순위경쟁 등에만 치우치면서 대학 고유의 학풍도 없는 형편이다.

오늘날 각종 사회 전반에 개혁의 바람이 불고 있는데 대학도 예외가 될 수 없다. 대학은 소위 '3불 정책'에 대해 씨름만 할 것이 아니라, 왜 해야 하는지 또는 그 정책이 우리나라 모든 대학의 발전을 위해 필요한 것인지 국민의 공감대를 형성해야 한다. 진정한 대학 발전 특히 대학이 자신들의 국내 위상을 올리기 위해 집착하는 입시정책은 진부한 생산 모델에 머물러 있다. 무기력하고 비효율적인 점수 위주의 입시정책에서 벗어나야 한다.

다행히도 최근 서울대에서 지역균형선발전형과 특기자전형 등의 열린 입시제도를 채택하고 있다. 이러한 대입 정책은 대학의 국제 경쟁력을 위해서뿐만 아니라, 국내 교육현상을 바로 잡는데도 반드시 필요하다. 다른 대학에서도 이보다 더 유연성 있는 입시제도가 도입되어 우리나라 대학교육에 새로운 전기가 마련되기를 기원한다.

텔레비전 좀 봅시다

지난 월요일 포털 사이트에 '일요일 저녁 지상파 TV, 시선 둘 곳이 없다'는 기사가 실렸다. 일요일 저녁은 온 가족이 저녁 식사를 앞두고 아이들과 도란도란 텔레비전을 시청하기에 좋은 시간인데 그렇지 못하다는 것이었다. 아이들과 같이 보기 민망할 정도로 벗어젖힌 여가수들의 섹시 댄스, 중년 연예인들이 '딸랑딸랑'을 외치며 유치하게 노는 장면, 소재의 한계를 드러내 이제는 그만했으면 하는데도 고집스럽게 하고 있는 몰래 카메라. 이 모두가 시청자들에게 곤혹과 짜증을 잔뜩 안긴다는 내용이었다.

휴일에 몸과 마음을 쉬고 싶어 텔레비전 앞에 앉는 경우가 많다. 그런데 이놈의 텔레비전이 해도 너무 한다. 출연자는 여기저기 똑같고, 구성도 모두 비슷비슷하다. 가수인지 개그맨인지 알 수 없는 인물들이 방송인이라며 나와서 저희들끼리 놀고 있다. 여자 연예인은 과도한 노출을 하고 엉덩이를 보기 민망할 정도로 흔들어댄다. 그리고 화면은 다시 여자 출연자의 모습을 지켜보는 남성 출연자에게 간다. 그것도 입 벌린 모습에 눈이 풀린 모습을 클로즈업하고 자막으로 친절하게 안내까지 한다.

이쯤 되면 텔레비전은 저속하다 못해 잔인함이 느껴진다. 도대체 안방에서 우리에게 무엇을 보라는 것인지. 아이들과 함께 여성의 육체를 감상하라는 것인지.

　방송이 이렇게 불량상품을 쏟아내는 것을 보고 점잖은 사람들은 집에서 텔레비전을 끄라고 주문한다. 실제로 신문에 보도되는 것을 보면 가정에서 텔레비전을 치우고 가족끼리 책을 보고 토론을 하는 경우도 있나보다.

　그러나 그게 어디 쉬운 일인가. 우리네 가정들이 대부분 텔레비전을 거실 가운데에 갖다놓고 밤낮으로 켜대면서 살고 있는데, 갑자기 없애는 것도 어렵다. 그보다 우리는 매달 시청료를 납부하고 있다. 이에 대해 구체적인 언급은 없었지만, 결국 이도 양질의 상품이 배달되기를 바라면서 무언의 약정을 한 것이다. 그렇다면 텔레비전을 끄는 것만이 능사가 아니다. 방송국은 우수한 콘텐츠를 제공해야 하고, 우리는 당연히 텔레비전을 볼 권리가 있다.

　흔히 텔레비전을 바보상자라고 하지만, 활용여부에 따라서는 훌륭한 매체이다. 또한 인간은 원초적으로 보는 욕망을 가지고 있다. 이 욕망에 대해 현재로서 어떤 식으로든 텔레비전이 충족시켜야 한다.

　해답은 간단하다. 방송국은 바람직한 방송을 위해서 노력하고 실천해야 한다. 방송 담당자들은 시청률을 위해서는 어쩔 수 없다는 핑계를 대는데, 이 또한 말이 안 된다. 현재 지상파 방송에서는 '진품 명품', '스펀지' 등의 프로그램이 기존의 재미만 추구하는 오락프로그램의 틀을 벗어나 인기를 누리고 있다. 최근 '느낌표-위대한 유산 74434'라는 프로그램도 장수할 것이다.

　오락프로그램에도 품격이 있어야 한다. 그렇고 그런 사람들이 각본도 없이 말장난을 하면서 노는 내용은 방송으로 적합하지 않다. 오락(recreation)이라는 말은 '회복하다', '새롭게 하다' 라는 의미의 라틴어 '레크레아사오'에서 유래되었다. 즉 오락프로그램은 일상의 매너리즘에 빠진 사람들에게 숨 돌릴 시간을 제공한다. 현대인은 텔레비전을 보면서 일로 피로해진 심신을 달랜다. 이는 현대인들이 텔레비전을 통해서 사회에서 일탈하지 않고 원만하게 살아가는 데 도움을 얻고 있는 것이다.

 방송은 공익사업이다. 대중의 건전한 의식 확산을 위해서 노력해야 한다. 주제 선정부터 충실한 정보전달과 교육적 효과를 거둘 수 있는 프로그램의 제작에 역량을 집중해야 한다. 방송국은 지금부터라도 새로운 진행자와 출연자를 찾고, 우수한 문화 콘텐츠 개발을 위해 발길을 내디뎌야 한다.

 오늘날 세상은 각박해지고 있다. 사람들은 정치, 사회, 경제 등 모든 분야에서 소외당하고 괴로워하고 있다. 텔레비전이라도 우리를 따뜻하게 감싸주지 않으면 너무나 힘든 세상이다. 텔레비전을 보면서 납덩이처럼 무거운 일상을 내려놓을 수 있는 하루가 되었으면 하는 마음 간절하다.

·행·복·한·바·보·의·
·지·혜·로·운·삶·

    이 연보는 독자들에게 읽을거리를 제공하기 위한 것이 아닙니다. 필자의 홈페이지(http://tyoonkr.kll.co.kr)에 있는 프로필을 그대로 옮겨놓았습니다. 세월이 흐를수록 나의 생활 체험이 점점 지워지고, 마침내는 망각의 강으로 흘러가버리는 느낌입니다. 다시 말해서 이 연보는 다분히 나의 필요에 의해서 만들어졌습니다.

    홈페이지에 '늘 따뜻한 삶을 그리워하며…… 삶의 조각들이 이제는 그리움으로 남았기에 여기에 모아둡니다' 라고 써 놓고, 아래 내용을 올려놓았습니다.

서울 동대문구 답십리동 출생

숭인 초등학교 졸업, 남대문 중학교 졸업, 관악 고등학교 졸업

고등학교 1학년 때 담임선생님이신 시인 원용문 선생님(나중에 한국교원대 교수 역임)의 영향으로 문학에 빠져들기 시작함

인하대학교 사범대학 입학

1979년 10월   박정희 대통령 서거로 휴교령이 내려짐

1981년 3월   인하대학 신문작품상 시부문 우수상(1등상)

1981년 4월   인하대학교 신문에 「4월의 투쟁」(4·19기념) 논문 발표, 논문내용에 대해 상부기관으로부터 조사를 받던 중 군입대로 모든 문제가 해결됨

인하대학교 복학, 국어교육과 학술회장

1984년 10월   제9회 인하문화상 평론부문 우수상(1등상)

               (「시대와 존재의 문제-윤동주론」)

1985년 10월   제10회 인하문화상 평론부문 최우수상

               (「시와 '존재'의 현상학-조병화론」)

인하대학교 사범대학 국어교육과 졸업

수원 동원고등학교 부임

이혜경과 결혼(주례: 인하대학교 사범대학 국어교육과 이철수선생님)

아들 정원(廷元) 출생, 딸 정인(廷仁) 출생

1991년 2월   경기도교육감 표창

1991년 8월   계간 사학연금에 수필「정원식 국무총리 전상서」발표 후 곤혹을 치르는 도중, 당시 국무총리 정원식님의 친필 격려편지를 받고 도움을 받음

1992년 3월	동우여자고등학교로 전보 발령 받음
1993년 3월	컴퓨터 학습지 '서당' 집필위원(~1995년)
1993년 10월	〈교육평론〉 신인상 당선
	(심사위원: 한국문인협회 부이사장 이철호)
1994년 9월	〈오늘의 문학〉 신인상 당선
	(심사위원: 시인 박재삼, 서울대 교수 김대행)
1994년 10월	수원문인협회 입회
1995년 9월	월간 〈수필문학〉 초회 추천(「작은 키, 큰 마음」)
1996년 1월	월간 〈수필문학〉 추천 완료(「의자」)
1996년 1월	〈한국교육신문〉(한국교총) 콩트부문 가작(「김선생의 오월」)
1996년 4월	첫 수필집 『나의 글밭엔 어린 천사가 숨쉰다(도서출판 가원)』 발간
1996년 5월	중국 및 일본 여행
1996년 7월	현대시 해설서 『즐거운 시 여행(이만기·박종렬 공저, 내일을 여는 책)』 발간
1996년 9월	벼룩시장 주최 '전국 생활수기 현상공모' 수원지역 입상 (「마음의 빛」)
1998년 3월	수원시 시정신문 〈늘 푸른 수원〉 편집위원(수원시장)
1998년 4월	경기도 국어과 교과교육연구위원(도교육감)(~2001년 2월)
1998년 5월	EBS 장학퀴즈 집중탐구문제 '윤동주편' 출제
1998년 12월	육군 8121부대 장병을 대상으로 '독후감 쓰기' 특강
1999년 4월	한국문인협회 입회
1999년 7월	한국수능학습서 『수능학습』 출제위원
1999년 8월	〈늘 푸른 수원〉 '바른말 고운말' 연재(~2002년 10월)

1999년 10월	군포교육청 논술출제위원
2000년 1월	군포교육청 초등학교 3학년 사회교과서 교열(校閱)
2000년 3월	아주대학교 교육대학원(국어교육 전공) 입학
2000년 5월	한국문예진흥원 창작지원금 수혜, 두 번째 수필집 『삶의 향기를 엮는 에세이』 발간
2000년 8월	경기방송(FM 99.9) 매주 목요일 '문학산책' 코너 출연, 문인들의 삶과 문학의 세계에 대해서 방송(~2001년 5월)
2000년 9월	교육부 주최 '고마우신 선생님 체험수기' 가작 당선 (대학 때 은사님 조병화 선생님에 대해서 씀)
2000년 10월	제20회 대통령기 국민독서경진대회(새마을문고 주최) 경기도대회 심사위원장
2001년 1월	수원 월드컵 홍보표어 심사(수원시청)
2001년 1월	언어영역 유형편 검토위원(대한교과서 2002 수능 밥 시리즈)
2001년 2월	인터넷학습지 〈happy class〉 집필 및 강의(~2003년 2월)
2001년 5월	경기도 재해예방 글짓기 심사(경기도청)
2001년 6월	경기도교육청 사이버 장학요원(문예지도 부문)
2001년 6월	제7회 국어경시대회 평가위원(경기도교육청)
2001년 7월	경기도 민방위 표어 심사(경기도청)
2001년 10월	음식문화개선 작품공모 심사(경기도청)
2001년 11월	제1회 경기도 학생문예대전 심사위원(경기도교육청)
2001년 11월	수원문학 신인상 심사
2002년 2월	아주대학교 교육대학원 졸업(석사학위논문 「문학교육방법론」)
2002년 2월	경기도 민원모니터 위촉(~현재)(경기도지사)
2002년 3월	장안고등학교 부임

2002년 4월	제10회 새마을문고 '문화의 한마당' 심사위원
2002년 6월	제8회 국어경시대회 평가위원(경기도교육청)
2002년 6월	6·25 학예행사 글짓기 심사위원(통일부 주최)
2002년 7월	교육마당21 현장교사 명예기자 위촉(~2003년 7월)(교육부장관)
2002년 10월	음식문화개선 작품공모 심사(경기도청)
2002년 11월	제2회 경기도 학생문예대전 심사위원(경기도교육청)
2002년 12월	글동산 시문학 검토위원(문원각)
2002년 12월	'독서교육실천사례' 3등급 입상(경기도교육청 주최 현장연구대회)
2003년 5월	〈중부일보〉 창간 12주년 기념 '우리말 표준발음 실태조사' 문제 출제
2003년 6월	제1회 경기도 중등국어경시대회 출제위원
2003년 7월	수원지검 및 범죄예방 주최 '밝은 학교 만들기' 글짓기대회 심사
2003년 8월	교육현안문제 모니터(한국교육개발원)(~2005년 6월)
2003년 8월	국제펜클럽 한국본부 입회
2003년 12월	수원시 시정 모니터
2003년 12월	'독서교육실천사례' 2등급 입상(경기도교육청 주최 현장연구대회)
2004년 1월	경기도교육감 표창 (제1회 경기도 중등국어경시대회 출제, 면접, 채점위원 유공)
2004년 9월	경기도지사(손학규) 표창, 도민 아이디어공모전 장려상
2004년 9월	범우사 독후감 공모 동상 수상
2004년 10월	경기도지사 표창(한글날 유공)
2004년 11월	제4회 경기도 학생문예대전 심사위원(경기도교육청)
2004년 12월	'독서교육실천사례' 3등급 입상(경기도교육청 주최 현장연구대회)
2004년 12월	한국교육삼락회 주최 자녀교육수기 부문 은상
2004년 4월	경기도교육청 국어애호교육 프로그램 개발위원

	(『문학어휘사전』, 국어애호교육 훈화자료 발간 등) (~2005년 10월)
2004년 12월	임용고시 채점위원(한국교육과정평가원)
2005년 7월	국정브리핑에 바른 언어생활과 관련된 칼럼 연재(~현재), 칼럼 연재 기사가 다음(daum) 사이트에 뉴스로 발표되기도 하고, 노무현 대통령이 댓글을 달기도 함
2007년 1월	〈중부일보〉에 칼럼 「중부단상」 연재(~현재)
2007년 4월	제5회 물사랑 글짓기 대회 심사(중부일보)
2007년 5월	부총리 겸 교육인적자원부 장관(김신일) 표창

연꽃이 진흙 속에서 자라기 시작했어도
꽃 그 자체는 흙 하나 묻히지 않고 피어나는 것처럼,
티끌이 많은 세상에 살아가도 늘 맑은 정신을 가지고 살아간다면
저 신선(神仙)처럼 행복한 인생의 꽃을 피울 수 있다.